教育探新丛书

本书系教育部人文社会科学研究规划基金项目研究成果
（项目批准号：11YJA880149）

城市综合大学发展规划研究

——以我国十五座副省级城市综合大学“十二五”发展规划为例

张丽萍等 著

WUHAN UNIVERSITY PRESS
武汉大学出版社

图书在版编目(CIP)数据

城市综合大学发展规划研究:以我国十五座副省级城市综合大学“十二五”发展规划为例/张丽萍等著. —武汉: 武汉大学出版社,2017.7
ISBN 978-7-307-19110-5

Ⅰ.城…　Ⅱ.张…　Ⅲ.高等学校—发展—研究—中国
Ⅳ.G649.21

中国版本图书馆 CIP 数据核字(2016)第 322122 号

责任编辑:王智梅　胡国民　　责任校对:李孟潇　　版式设计:马　佳

出版发行: **武汉大学出版社**　(430072　武昌　珞珈山)
(电子邮件: cbs22@ whu. edu. cn　网址: www. wdp. com. cn)
印刷:虎彩印艺股份有限公司
开本:720×1000　1/16　印张:14.5　字数:209 千字　插页:1
版次:2017 年 7 月第 1 版　2017 年 7 月第 1 次印刷
ISBN 978-7-307-19110-5　定价:39.00 元

序

大学规划源于20世纪初泰勒的科学管理理论，产生于20世纪60年代的西方，它先从企业管理实践开始进而转向大学管理。我国大学规划起步较晚，更多地出现在改革开放后尤其是《中华人民共和国高等教育法》实施之后。近20年来我国高等教育规模实现了历史性跨越和突破性进展，为提高国民素质、综合国力和国际竞争力，为我国经济社会发展作出了巨大贡献，随着高校拥有的办学资源日益增多，地方高校内部管理日趋复杂，高校之间的竞争也日趋激烈，面对不断变化的新形势和日益凸显的矛盾与问题，大学规划日益受到重视。城市综合大学作为区域创新人才培养和知识生产、创新、传播、整合与转化的重要基地，技术创新的生力军，对区域发展的影响尤为突出，其未来发展亟需科学规划的引领，如何紧扣区域经济社会发展需要实施战略管理显得尤为重要，应予以高度关注并切实加以解决。

大学发展规划的研究是一个系统工程，我国高等教育教育家潘懋元先生讲：研究社会科学，理论准备重要，实践准备也重要。①笔者职业生涯有相当长的时间从事城市综合大学的战略管理，在著名教育家等专家的指导下经历了几所地方大学合并组建为城市综合大学后战略管理的重要发展阶段，包括从制定规划、形成文件、实施与控制、落实与总结等的全过程，作为主要成员参与了与大学发展规划相关的国家社科基金重点项目、省市多项课题研究，完成了

---

① 潘懋元. 中国高等教育研究的历史与未来[J]. 中国地质大学学报(社会科学版)，2006(5).

多所地方大学发展规划的起草和实践问题研究解决等管理工作。本书作为课题成员共同成果，其主导思想有三点：第一，拟从大量实践出发，探究和阐述城市综合大学发展的相关理论，力求清晰地阐释与城市综合大学发展规划的相关理论，基于理论和实践的双重维度构建城市综合大学发展规划问题解决的有效路径。第二，在实地调研宁波大学、深圳大学、广州大学、青岛大学等城市综合大学的基础上，将战略规划作为城市综合大学管理的有效工具，分析这些大学迅速发展背后的原因，对我国十五所城市大学发展规划和战略管理开展深入、专题性研究，特别是这些地方高校十多年来的发展成果、办学水平、办学特色以及不同大学之间的差距，研究剖析这些成果与问题背后的原因，在实践层面上探究城市综合大学办学的相关问题，对涉及地方大学规划目前面临的共性问题和个性问题进行研究，拟通过研究寻找有效对策，促进地方大学人才培养和服务社会能力的提升。第三，将大学规划与院校研究相结合，比较分析同类型城市综合大学的战略规划，借鉴美国州立大学和英国城市大学发展的经验，对影响城市综合大学竞争力提升的因素进行分析，通过切实加强合作交流，努力实现优势互补，推进资源共建共享，最终实现合作共赢，提出提升其竞争力、加速这类大学跨越式发展的对策建议，为我国这类高校在管理理念及策略上提供参考，为政府教育主管部门决策提供依据，促进我国地方大学更有效实施分类管理、跨越式发展战略，以不断丰富地方高校的办学理念，推动我国地方院校体制、机制的调整与创新，共同走向科学发展之路，走向和谐发展之路，走向特色发展之路，走向服务地方与城市共同发展之路。使城市综合大学在从高等教育大国向高等教育强国转变的过程中，更好地把握好高等教育质量的内适性与外适性等辩证关系，各学科发展的内在逻辑、高等教育自身所固有规则和权限运行，培养的学生合适或切合国家、社会或用人单位的需要，从而为进一步推进城市经济社会发展服务迈向新水平。

本书运用科学发展观和辩证方法论，拟为我国当前城市综合大学乃至地方大学实施战略管理实践提供有益的思路和方法，期待以本书的问世为契机，国内地方大学高校战略管理工作有更多的研究成果涌现。

张丽萍

2016 年 7 月 28 日

目　录

第一章　导论

第一节　背景、意义与研究目的

一、概念内涵

城市综合大学：课题研究的我国15所副省级城市综合大学(以下简称“十五城市综合大学”，所属十五城市综合大学排名不分先后，以校名拼音首字母排序)，系指改革开放以来我国副省级中心城市主办或省市共建、以市为主的普通本科院校。这类新型大学以广州大学、深圳大学、青岛大学、江汉大学等为代表，它们主要依托中心城市办学，为中心城市服务，是我国普通高等教育发展的新模式，已经显示出强大的生命力。副省级城市综合大学是当今中国地方高等教育最具活力和发展潜力的高校群体之一，在高等教育大众化不断推进、服务地方成为高等教育发展时代潮流的背景下，城市综合大学承担着共同使命，同时也面临着适应形势发展、科学谋划未来战略与对策等一系列热点难点问题。如何在服务地方发展与城市建设中推动学校科学发展，成为副省级城市综合大学面临的重要课题。

发展规划：所谓发展规划，是超越一般的、具体的层面而关注大学发展整体性问题、核心问题、长远问题的宏观设计。① 发展规划也称战略规划，它产生于20世纪60年代的西方国家，最早运用

① ［美］乔治·斯坦纳．战略规划［M］．李先柏译．北京：华夏出版社，2001：37.

于工商企业管理，曾被誉为“20世纪管理领域的重要发现”。大学战略规划，它是运用现代先进技术和方法，在科学分析外部环境和内部要素系统结构及其变化规律的基础上，为保持大学可持续发展而对其未来发展战略目标的确定、落实和实现进行的谋划、安排或展望。大学如何把握前所未有的发展机遇，直面艰巨而光荣的挑战，是每所大学都必须思考和应对的重大问题。① 发展规划作为一种对国家或组织进行全局性、战略性和长期性管理的重要工具，其目的是帮助国家或组织为美好的明天探索和创造新的机会。

战略管理：“战略”(Strategy)一词起源于希腊语中的动词(Stratego)，意即通过对资源的有效利用来谋划如何打败敌人。所谓战略管理，是一个组织寻求成长和发展机会及识别威胁的过程，包括战略规划、战略实施、战略评估等环节。高校战略管理是围绕高等学校战略制定、战略实施和战略评估三个阶段所展开的管理活动。② 进入新世纪以来，全球经济越来越受知识驱动，创新已成为经济增长和社会发展的基本驱动力，成为保持和提高国家长期竞争力的关键因素。高等学校作为区域创新人才培养和知识生产、创新、传播、整合与转化的重要基地，技术创新的生力军，它对区域发展的影响尤为突出。③ 城市综合大学如何在国内众多高校中脱颖而出？如何在外部环境不断变化和形势严峻的情况下求得更大生存和发展空间？如何结合地方发展实际需求，在服务地方中办出特色，求得地方更大力度的支持？作为同类大学，如何在国家高等教育宏观政策决策中拥有自己的话语权，反映城市综合大学共同的诉求和呼声，扩大其影响，提高城市综合大学的办学实力和办学水平？等等。城市综合大学未来发展急需科学规划的引领，如何紧扣区域经济社会发展需要实施战略管理显得尤为重要，必须予以高度

① “大学战略规划与管理”课题组. 大学战略规划与管理[M]. 北京：高等教育出版社，2007：11.

② 刘献君. 高等学校战略管理[M]. 北京：人民出版社，2008：24.

③ 吕艳，胡娟. 我国区域高等教育发展水平对区域创新的影响分析——基于我国31个省市自治区数据的分析[J]. 中国高教研究，2010(10).

关注并切实加以解决。

二、背景与意义

“十二五”是全面建设小康社会的关键时期，也是深化改革开放、加快转变经济发展方式的攻坚阶段。我国副省级以上中心城市正面临着建设创新型城市，追赶国内外发达城市，迎接全球新一轮科技革命与产业变革的重大机遇，同时也面临非常严峻的挑战：一方面，工业化、信息化、城镇化、市场化、国际化深入发展，每个城市都需要找到它自身的生态定位、产业定位、城市形象定位和城市发展定位，实现城市群的发展互补而持续。另一方面，空间匮乏，能源短缺，以及环境污染等，都有可能把城市变为文化、社会和精神的荒地。这些问题的解决离不开城市综合性大学至关重要的作用，需要人们通过运用新的观点、新的思维，寻找综合性的解决方案；既使大学得到快速发展，而且使城市经济社会获得可持续发展。《国家中长期教育改革和发展规划纲要(2010—2020 年)》指出，要“促进高校办出特色。建立高校分类体系，实行分类管理”。“引导高校合理定位，克服同质化倾向，形成各自的办学理念和风格，在不同层次、不同领域办出特色，争创一流。”硅谷是全球公认首屈一指的科技创新中心，拥有斯坦福大学、加州大学伯克利分校等一批世界一流大学，诞生了数十家世界 500 强高科技企业。副省级城市综合大学作为我国高校系统中的重要类型，其发展不仅对区域高等教育和经济社会发展有着重大影响，而且从整体上影响到国家高等教育布局以及国民经济和社会发展的进程。面对高等教育规模迅速扩大，影响高校发展的因素日益复杂的局面①，副省级城市综合大学要办出特色，争创一流，简单的经验型管理已远远不能适应形势要求，必须科学定位，谋划学校发展，实施战略管理。

---

① 贠翔悦，张丽萍. 城市综合大学加速信息化建设对策研究——以我国 15 个副省级城市综合大学为例[J]. Proceedings of 2013 International Conference on Education and Educational Research (EER 2013), 2, 2013-08-11.

当今副省级城市综合大学在高校格局中已成为一支重要的力量。现在国内外有很多的大学联盟，如研究型大学国际联盟、中国内地大学C9以及C9的升级版中国大学校长联谊会等，它们不仅通过定期召开联盟会议等探究同类大学发展的共性问题，还联合同类大学自身力量在联盟内部开展教学、研究、师生交流等多方合作，集中学术力量致力于科研攻关，共同解决人类目前面临的诸如气候变化、能源不足、城市化等问题。大学发展规划研究是当今大学实施战略管理的重要组成部分和必要手段。进入新世纪以来，为了实现现代化，建设若干所具有世界先进水平的一流大学，我国“985”、“211”重点大学纷纷研究欧美发达国家大学规划经验，制定自己的发展规划，战略管理越来越受到重视，一批高校通过实施发展规划，在较短时间内实现了跨越式发展。2010年11月，由江汉大学、大连大学、沈阳大学发起，在武汉召开了“全国十五城市综合大学联席会议”第一次会议，参会各校均表示要共同加强对十五城市综合大学规划研究，进一步强化战略管理，推动学校跨越式发展的强烈需求和合作愿望。本书研究成果的一般性结论，可为副省级城市综合大学及其他地方高校实施战略规划管理提供经验借鉴；本书个案研究成果，亦可为这类大学跨越式发展提供对策和理论依据，因而本书研究具有很强的现实需求和实践意义。

三、研究目的

本书旨在通过实证研究、案例研究、比较研究和文本分析等方法，对我国十五城市大学发展规划和战略管理开展深入、专题性研究，分析这些地方高校近十多年来的发展成果、办学水平、办学特色以及不同大学之间的差距，研究剖析这些成果与问题背后的原因，在此基础上，提出我国地方大学实施分类管理、跨越式发展、战略管理的对策建议。

（一）在理论层面上运用、丰富和延伸相关理论研究

资源依赖理论强调，组织体的生存需要从周围环境中汲取资源，副省级城市综合大学要生存，因而需要与周围环境及其因素相互依存、相互作用才能达到自身的目的①；应积极主动改变环境，积极主动同它所处环境内的、控制着这些资源的其他组织化的实体之间进行互动，减少对市场的依赖和对技术化的机会的依赖。关于副省级城市大学的发展，新制度组织理论关注组织形式的制度同型性效应，并强调环境条件趋于一致，组织体适应环境的过程往往会导致同型化现象②，运用新制度组织理论，将同类型的地方高校视为组织域，研究副省级城市大学的共性问题，以实现组织的效率。

（二）在实践层面上探究城市综合大学办学的相关问题

本书对涉及地方大学规划的副省级城市综合大学目前面临的共性问题进行研究。如：关于城市综合大学的办学定位、凝练发展方向问题；关于城市综合大学依法自主办学、创新人才培养模式问题；关于如何在外部环境不断变化和形势严峻的情况下加强信息化建设，求得更大发展空间问题；如何结合地方发展实际需求，在服务地方中办出特色问题；如何协同创新，在国家高等教育宏观政策决策中争取话语权；关于城市综合大学自身发展的其他个性问题，等等，这都是亟待研究的新课题，通过研究寻找有效对策，促进地方大学人才培养和服务社会能力的提升。

（三）在对策层面上为政府教育主管部门决策提供依据

通过切实加强合作交流，努力实现优势互补，推进资源共建共享，最终实现合作共赢。将大学规划与院校研究相结合，比较分析

---

① 查强，[加]丹尼尔·兰. 大学之比较——兼析多伦多大学选择同型大学的案例[J]. 教育研究，2004(3).

② 查强，[加]丹尼尔·兰. 大学之比较——兼析多伦多大学选择同型大学的案例[J]. 教育研究，2004(3).

同类型城市综合大学的战略规划，借鉴美国州立大学和英国城市大学发展的经验，对影响城市综合大学竞争力提升的因素进行分析，提出提升其竞争力、加速这类大学跨越式发展的对策建议，不断丰富成员高校的办学理念，推动我国地方院校体制、机制的调整与创新，共同走向科学发展之路，走向和谐发展之路，走向特色发展之路，走向服务地方与城市共同发展之路。

第二节　相关研究动态及简要评价

一、研究动态

对21世纪近15年有关大学发展规划文献进行检索。通过CNKI数据库分别以题名大学(含高校或高等学校)发展规划、战略规划、发展战略(含规划)为精确检索项，截止日期为2015年12月30日，以高等教育学科为类别，检索文献包括期刊、硕士论文、报纸与会议文章，经过叠加和初步统计，排除重复和不相关的研究文献，获得2000年前的文献14篇，2000—2010年约280篇(含硕士论文20篇、会议6篇、报纸9篇)，2011—2015年约470篇，总计750篇。①

二、研究述评

随着国家、地方各级领导以及高等学校对发展规划工作的重视，高校更加注重科学规划、内涵发展，2011—2015年这5年与2001—2010年的10年相比大学发展战略与规划的研究成果有较大幅度增长，涉及理论研究、制定策略与技术研究、实施效果研究、评估与监控研究、国内外(海外)案例研究、不同层次与类型大学发展战略与规划文本研究等方面。我国重视这一领域的理论研究说明我国的科学教育正在紧跟国际科学教育改革与发展的步伐。但在

① 王祖林. 近十年我国大学发展战略与规划研究的进展与趋势——基于CNKI数据库期刊文献(2000—2010年)的梳理[J]. 现代教育管理，2013(4).

一些方面略显不足：

第一，研究分析角度比较单一化，基于社会学、经济学等多学科涉及、从多学科的角度来进行学科教育研究不够。第二，零散研究多，系统性不够。我们可以看出，我国的科学教育研究还主要集中在理论研究领域①，而对于科学教育的实践应用研究还很不够，如2001—2010十年间单纯的应用性研究在总的选取文献中仅占19.66%。② 第三，重复研究多，创新研究少。研究有重理论轻实践的倾向。理论研究借鉴其他理论的理论研究不够，研究范围还不够广泛、深度挖掘不够。研究对象缺乏系统性，没有深入系统地针对城市综合大学的发展研究。第四，宏观研究多，微观研究少。有近1/3的文章只是对科学教育进行笼统的描述性分析，既缺乏理论性又缺乏应用性，且由于多是关于科学教育的总论，缺乏指导实际工作的时效性。第五，定性研究多，定量研究少。运用数据分析更具有精确性，相对定性分析更能准确反映客观事实。针对性不强，缺乏对实施规划方案过程的问题研究、发展规划外部动力机制以及相关政策环境研究。我国学者对欧美国家和国内研究型大学发展规划研究比较多。现有研究成果较多的是针对研究型大学或单个学校的案例研究，还有一些研究是对我国大学发展规划制定和实施效果的反思。城市综合大学对我国城市的未来发展起着重要的作用，但未见系统研究地方大学战略管理，特别是副省级城市综合大学发展规划。副省级城市综合大学属于地方大学，其中绝大部分高校战略管理工作起步较晚，规划研究滞后，即使制定了发展规划，也在一定程度上存在“重制定轻实施”现象，地方大学战略管理大量现实问题亟待深入研究和解决。

---

① 王祖林. 近十年我国大学发展战略与规划研究的进展与趋势——基于CNKI数据库期刊文献(2000—2010年)的梳理[J]. 现代教育管理，2013(4).

② 王祖林. 近十年我国大学发展战略与规划研究的进展与趋势——基于CNKI数据库期刊文献(2000—2010年)的梳理[J]. 现代教育管理，2013(4).

第三节　研究思路、方法和内容结构及其创新

本书从相关理论和城市综合大学纵向发展历史与现状的考察，与英美同类大学的横向比较研究来深入认识大学发展规划的内涵、功能，从高等教育视角深入研究城市综合大学的发展规律、共性特征和组织性质、组织运行逻辑，提出基于现代高等教育创新和我国副省级城市发展的城市综合大学有效对策。

一、研究思路

本书注重理论联系实际，围绕“为什么”—“是什么”—“怎么办”的基本思路展开。首先，运用资源依赖理论和新制度组织理论，在实证研究十五所城市综合大学发展现状的基础上，回答副省级城市综合大学“为什么”越来越重视战略规划管理；通过战略规划制定与实施的现状分析，探索地方大学战略规划的国内外经验、发展趋势和作用，回答“为什么”要重视战略规划的制定与实施。其次，运用资源依赖理论、新制度组织理论以及SWOT分析等方法，对副省级城市综合大学战略管理的内外部环境、战略规划制定的过程、内容、绩效等进行研究，探求解决问题的方法和途径，以揭示副省级城市综合大学战略规划管理模式与作用的一般规律，回答地方大学战略规划“是什么”的问题。同时积极引进和消化吸收西方发达国家，如美国州立大学、英国城市大学大学规划的新理论、新经验，力求在运用理论指导实践方面取得新进展，从而进一步推进副省级城市综合大学战略规划工作，推进副省级城市高等教育乃至所属城市经济社会可持续发展。在此基础上，对副省级城市综合大学战略规划的科学制定与实施、优化管理、实现跨越式发展提出建议。

二、研究方法

(1)文献研究法：对有关城市综合大学的国内外专著、学术期刊、学位论文、研究报告等文献进行研究，广泛搜集相关理论和城

市综合大学实施战略管理，在人才培养、科学研究、社会服务等方面的经验材料等，多渠道掌握翔实资料数据，分析阐述城市综合大学实践发展中的误区和理论研究中的不足。

(2)实地调查法：基于访谈、实地考察调研城市综合大学，听取有关会议报告，访谈有关领导、部门负责人等，查阅相关高校年鉴、工作总结、数据资料、制度文本及其媒体信息等。另外，重点针对本书中所涉及的典型案例进行二次挖掘、深入分析，使案例研究能够更为深入全面，从而深入了解掌握第一手材料，分析揭示实践案例中的共性特征和一般规律。

(3)行动研究法：及时了解、观察研究对象的现状及动态发展过程，掌握实践中的问题与形成原因，描述副省级城市综合大学发展现状，剖析原因，总结经验，探究副省级城市综合大学发展趋势和发展规律。

(4)比较研究法：把研究与相关理论结合起来，结合理论研究，分析数据文献资料，完善研究思路。把城市综合大学发展中的问题放到国际背景下求得深刻理解，通过与国内外高水平大学和不同国家、不同地域、同类地方大学的比较，探究事物发展的共同规律，启发我们发现解决城市综合大学类似问题的有效途径和方法。

(5)案例分析法：根据我国经济发展不平衡性，采用系统抽样方法进行调查，在东部、北部、中部、西部、东南部分别选取具有典型意义的城市综合大学进行深入研究，积累个案，进行阶段性分析。

(6)对策研究法：提供详细统一的推理过程，请相关专家指导，向有关部门征求意见，提出副省级城市综合大学乃至地方大学实施战略管理的对策与建议。公开研究过程和结果，鼓励专业性的核查和批评。①

① 赵炬明. 高等教育研究中的文献研究与文献综述[J]. 高等工程教育研究，2011(2).

三、内容结构

战略管理包括战略规划、战略实施和战略评估。由于战略规划是改革高等教育并使高校发生根本转变的基石，因此本书主要研究内容包括：

（一）全国十五所城市综合大学发展规划个案研究

（1）规划文本解读。通过对我国十五城市综合大学制订的“十一五”、“十二五”发展规划的文本解读，分析研究它们进行战略规划和战略管理的意识、模式以及利用内外环境中的机会、自身条件实现生存和发展的能力。

（2）各大学的发展现状、办学水平、办学特色研究。由于历史条件和发展环境的不同，不同学校的优势和机会大不一样，不同地方高校发展中的弱点和挑战也会各有不同，通过校情研究了解各大学的发展与改革现状、办学水平、办学特色和存在问题等，并在此基础上，开展学校之间的比较研究。

（3）大学战略规划制订与实施内外部环境研究。发展战略规划是大学应对未来环境的策略，其本质在于采取一些优化方案调整组织与环境之间的关系，以提高学校综合实力和核心竞争力，实现在竞争中能生存并持续发展的目的。因此，规划的制订与实施会受到内外部环境的影响，外部环境包括经济与社会发展带来的机遇与挑战；市场需要和激烈竞争的产业环境；地方政府的政策导向与财政支持等。内部环境包括学校基础；领导模式与风格；学校内部治理结构；复杂的、松散耦合校、院、系层级系统；大学的学科与人财物状况；大学的文化与传统等。

（二）美国州立大学、英国城市大学发展规划的个案研究

如美国州立大学学院协会的院校、英国利兹大学等，如何作用和服务于所在地方和城市等。

（三）关于城市综合大学实现跨越式发展对策建议的研究

充分发挥大学战略规划对其发展的引领和导向价值与作用，实现地方大学的跨越式发展。大学战略规划的制订、实施和绩效评估的要求和条件。

大学应该在重视大学发展规划制订的同时，强调发展规划的目标衔接、实施评估和实施监控。

四、研究重难点及其创新

(1)本书充分认识副省级城市综合大学实施宏观战略管理、推进学校跨越式发展的必要性，认为实施科学发展战略，顺应地方经济社会发展要求，是实现这类大学快速可持续发展的有效手段和途径，因此试图在对副省级城市综合大学发展规划的总体性描述研究上进行创新。

(2)本书首次对我国副省级城市综合大学内部条件和外部环境影响进行深入综合分析，探索副省级城市大学发展规划中碰到的个性和共性问题的解决途径。如关于城市综合大学的定位问题；关于城市综合大学依法自主办学问题；关于城市地方大学的发展方向问题；这类高校如何在外部环境不断变化和形势严峻的情况下求得更大生存和发展空间；如何结合地方发展实际需求，在服务地方中办出特色，求得地方更大力度的支持；如何在国家高等教育宏观政策决策中拥有自己的话语权；如何加快城市综合大学的协同创新问题；新形势下如何以城市综合大学为切入点推动我国公立高校学费改革问题；关于城市综合大学自身发展的其他问题，等等，对这些问题进行深入研究，探究其解决途径。

(3)本书试图归纳副省级城市综合大学实现跨越式发展的一般规律，研究如何充分发挥大学战略规划对其发展的引领和导向价值与作用，实现地方大学的跨越式发展。发展规划是大学改革与发展的航标，一项发展规划是否科学其具有全局性与前瞻性是考量的重要特点。学校发展规划的制订过程应该体现学校管理者对学校未来发展的新思考与新探索，规划的内容与目标应该对大学发展有引领和导向价值，体现学校抓住历史机遇，及时调整发展定位的能力，实现其在更高的层次、更广的领域发挥更大作用的目的。

(4)本书提出对副省级城市综合大学分类指导相关问题及其解决途径和对策建议。研究副省级城市综合大学这一类大学的特性，力求为教育主管部门分类管理和宏观指导提出建议，对这类大学合理办学定位和发展战略选择提供对策建议。

第二章　城市综合大学发展规划研究的理论基础

现实中人们有一种认识就是认为规划理论与大学规划编制的关联度不高，与规划实践效果无关，这实际是一种误区。规划理论为大学管理者提供基本的哲学思想，是高校发展战略规划编制中所遵循的思想逻辑。① 城市综合大学要实施综合改革，要创新发展，就需要科学系统的理论指引。支撑大学发展规划的中外理论很多，传统的高等学校战略管理理论有系统性理论、竞争战略理论等，对高校战略管理研究具有代表性的是英美两国，国内外学者对其进行了大量研究，在规划理论、规划与院校研究等方面积累的丰富经验值得认真借鉴和思考。我国副省级城市综合大学在实际工作中进行理论探索，在实践中不断丰富发展了一些理论，包括资源依赖理论、新制度组织理论等。本书重点介绍与城市综合大学发展最相关的几种理论，通过战略规划理论的内涵理念及实践方法等进行探讨，以期为我国城市综合大学乃至地方大学管理理念及策略的创新提供基础。

第一节　目标牵引理论

创新是大学的使命，我们所处的时代是一个知识经济、科技革

① 别敦荣. 高校发展战略规划的理论与实践[J]. 现代教育管理，2015(5).

命、全球化为关键词的时代，特别是从 IT 到 DT①，以及所带来的制度和文化的变革。我国高等教育进入后大众化时代，市场经济体制的建立完善以及高等教育国际化所带来对资源前所未有的激烈竞争，高校面临着前所未有的发展机遇，同时也面临着重大挑战，使高校面临着诸多问题和选择。高校目标的设置贯穿高校的起源、发展壮大全过程，必须充分认识国际环境的深刻变化、我国发展新的阶段性特征和面临的风险挑战，坚持发展第一要务，突出改革创新；通过设置目标使大学更清晰地认识自身的目的与方向，以及为实现目标更好地分配资源。科学制定并有效实施学校发展战略规划，调动学校内外的智慧和力量，为美好的明天探索和创造新的机会，充分利用和优化配置各种资源，加速提升可持续的核心竞争优势，已成为高校跨越式发展的最有效途径。

欧美大学战略规划步骤框架的核心内容包括确立使命、愿景和战略意图，环境评估，确立目标，战略行动，战术执行，战略评估和评价，确立目标是高校发展战略规划的“牛鼻子”，牵一发动全身。目标是行动的指南和所要得到的预期结果。现阶段民众对高质量高等教育美好生活的向往和追求是高等学校奋斗的目标。就高校自身而言，高校办学在面临着重要转折或诸多发展选择的关键时刻如果学校没有目标就会迷失前进方向。鉴于理想与现实是一对矛盾统一体，牵引式思维从时间和发展维度将目标分为三个层次：最高层次为终极目标，中间层次为阶段目标，起步层次为应然目标。正确的目标是学校对发展趋势客观把握的能力体现。组织是要以目标为导向，首先要确定的是目标的有效性。

例如，江汉大学是 2001 年经教育部批准，由原江汉大学、华中理工大学汉口分校、武汉教育学院、武汉市职工医学院合并组建

① 阿里巴巴马云 2014 年 3 月在北京举行的大数据产业推介会发言：“人类正从 IT 时代走向 DT 时代。”IT 是信息技术（Information Technology）的英文缩写。DT 是数据处理技术（Data Technology）的英文缩写。IT 时代是以自我控制、自我管理为主；DT 时代，它是以服务大众、激发生产力为主的技术。IT 与 DT 两者之间看起来似乎是一种技术的差异，但实际上是思想观念层面的差异。

的一所综合性本科院校，合并组建初期，学校设置的总体建设目标是把学校建设成为与武汉市地位相称的国内高水平有影响的地方综合性大学。该校每一个阶段都设立了相互关联的发展目标，如制定“十一五”发展规划，提出学校主要力争实现五个突破：(1)加强硕士学位授予权的申报工作，在硕士点的建设上取得突破；(2)加强学科团队建设，在特色学科、省级重点学科的建设上取得更大的突破；(3)加强本科教学工作，在水平评估创优上取得突破；(4)加强科研工作，在国家级科研项目、成果奖励和省级重点实验室建设上取得突破；(5)加强与区域的联系，在为地方经济建设和社会发展作贡献上取得突破。力争学校整体办学实力和办学水平居于湖北地方高校前列。遵循目标有效性的三大原则——正确地提出目标、正确地限定目标和正确地分解目标。提出学科专业、人才培养质量、科学研究、队伍素质、办学规模五大目标，将分解目标落实到学校年度工作要点，如学科专业目标，提出建设3~5个省级重点学科、8个市级重点学科、16个校级重点学科。培育学科优势，明确学科方向，加大省级硕士点立项学科建设力度，力争尽早取得硕士学位授予权。新增5~7个适应性强的本科专业，建成6~8个省(市)级品牌专业、10~15个校级品牌专业。又如科学研究目标，提出力争建成1~3个省级重点实验室、1~2个省级人文社会科学重点研究基地、5~10个实力较强的校级研究所。组建若干科研创新团队，每年发表科研论文不少于1500篇，保持科研经费和被SCI、EI、ISTP检索收录的论文逐年增长势头。推动产学研结合，力争完成20~30项国家级研究课题、200~280项省部级研究课题，取得15~25项省部级以上成果奖励。学校的任务与使命是时刻保持应然状态与阶段性目标和长远目标的有机结合，不断地追求应然状态这样一种理想的、永恒的状态，推动向着更高远的目标迈进。为限定目标时主要考虑的因素就是目标的可行性，科学发展观的确立为解决现阶段学校发展问题指明了方向，而目标一旦确定，也就是明确了行动的着力点，各级领导必须站在学校目标的战略高度创新工作，才能保证“十一五”规划目标有效完成。

第二节　资源匹配理论

城市综合大学承担着人才培养、科学研究、服务社会、传承文明的重要职能，其职能发挥的状况和水平很大程度上取决于自身物质条件和保障能力。当前世界范围内资源匮乏、“有限性”是大学资源竞争的现实特征成为制约城市综合大学发展普遍面临的重要挑战和现实困境，如何破解这一难题，使学校能够获得或争取更多更好的学校外部资源，事关大学发展规划的成败。现实中大学往往对有限资源存量缺乏市场竞争的动力，进行城市综合大学战略规划，首先要全面系统地研究学校资源，准确掌握学校实际能够控制的资源状况，盘活存量。实现路径在于先进的资源增值模式和科学的运营管理策略，科学有效控制资源必须高度重视存量资源的高效利用和潜在资源的深度开发，这是做好大学规划的根本前提。通过制度、机制、技术等改革与创新，对现有资源进行科学配置、充分利用，实现资源效益的最大化。① 国外采取专业化的金融投资、市场化的校园经营、多元化的社会捐赠、社会化的成果转化、绩效化的组织管理等，充分挖掘潜在资源及其价值，形成了大学协调发展的资源生态系统②，实现了大学资源的充分开发和高效利用，创造了更大的经济价值和社会价值，为大学提升核心竞争力与可持续发展提供了源源不断的资源保障。同时，城市综合大学的发展也要与所在城市发展相协调，为其发展提供优质的人才和智力支持。而做好大学规划的关键是根据资源的状况设计高校在战略规划周期内可达成的理想目标以及能够采取的行动。资源配置转型程度的理想目标，高等教育资源配置转型程度是由包括但不限于政府、市场、大学等在内的各方的合作与博弈过程，转型的动力来源于利益格局的调整，转型的目的力量是为了使大学办学质量与效率更高，使市场

---

① 刘礼明. 加拿大大学资源增值之道[J]. 教育研究，2015(4).

② 刘礼明. 加拿大大学资源增值之道[J]. 教育研究，2015(4).

社会更加依赖大学，使更多人享受到制度转型的成果。①

人才是城市创新发展第一资源。深圳大学等一批高水平大学的诞生和几十年的壮大发展是资源匹配理论实践的成功范例。30多年前，邓小平在中国的南海边“画了一个圈”，深圳从此由一个落后“名不见经传”的边陲小镇迅速成长为经济实力雄厚的现代城市、全国第一个经济特区，成为我国改革开放的重要窗口和具有相当国际影响力的国际化城市，创造出令世人瞩目的“深圳速度”。建市之初，深圳普通高等教育是零基础，人才成为稀缺资源。在人才资源全球流动、全球配置趋势更加明显，国内外人才争夺更加激烈的大背景下，核心科技、经济社会等高层次人才不能全靠引进解决。1982年，深圳市政府为适应大规模城市建设需要作出了“教育与经济同步发展”的决定，坚持以改革创新意识发展教育，实施长远发展战略，实现高等教育的重要突破，创建深圳大学，继而“筑巢引凤”，跨域“联姻”，创建深圳大学城。1983年，经教育部批准，深圳市人民政府主办的第一所直接面向和服务于城市的全日制普通综合性大学——深圳大学诞生，随后北京大学、清华大学、哈尔滨工业大学等一批高水平大学的分院相继签约落户深圳大学城。一方面，城市的快速发展需要高等教育即深圳大学等一批较高水平大学发挥其在该市高等教育体系建设中的引领作用，更好地为提升其综合水平服务，但是高等教育发展自身规律难以逾越，无论是人才培养、科技创新，还是学术权力获得、学术品牌形成，都不可能一蹴而就。“深圳速度”无法等待新建地方高校经过几十年甚至上百年的建设发展，来满足特区经济对于一流大学培养拔尖人才、推动科技创新、开展产学研合作的全面要求。② 而没有高水平大学强有力的智力支撑，深圳特区显然难以取得和保持可持续发展的领先优势。另一方面，深圳大学等一批较高水平城市综合大学的发展面对激烈的竞争，要在与国内外其他高校激烈的竞争环境中生存发展，

① 康宁. 高等教育资源配置转型的基本规律及其发展趋势[J]. 教育研究，2011(4).

② 马陆亭. 深圳大学城发展模式探讨[J]. 现代教育管理，2012(5).

它们必须理性地考察自己的内部因素和外部环境，创新管理理念和方法，谋求所在城市为其提供外部的有利政策、市场环境以及物质空间等保障条件，提供动力源泉。深圳大学等大学正是运用资源匹配理论积极争取外部资源，全面系统地研究并完成学校资源的高效利用和潜在资源的深度开发，从而有效地化解了高等教育与其社会经济发展不相匹配的尴尬局面，成为新兴中心城市跨越发展高等教育模式的创举。

第三节　新制度组织理论

新制度主义理论是 20 世纪 70 年代后期出现的一种新的组织流派，其主要代表人物有莫约、卢旺、斯科特等。作为 20 世纪 90 年代“组织理论的宠儿”，新制度组织理论与新制度经济学两者联系广泛，并与战略管理的内在密不可分。1977 年，斯坦福大学社会学系的 Meyer 等举起了新制度主义的大旗。与许多决策论者和管理学者的研究视角完全不同，他们提出了相反的命题：为什么不同的组织会有类似的内部制度和机构，这种同构化是怎样发生的，有什么样的机制在发挥作用？该流派不同于组织的管理学派过于注重效率因素，而是更加强调组织事实上是嵌入在社会之中①；明显地区分并将组织环境划分为技术环境和制度环境，强调组织不仅在一定的技术环境中运作，而且在一定的制度环境中生存。而制度环境是指那些具有完善的规则和要求为特征的环境，包括法律、规章、规则等被强制性执行的正式制度因素和规范、文化、伦理等被“广为接受”的非正式制度因素。② 单个组织只有服从这些规则和规定，才能获得环境的技术和认可。

长期以来，高校领导在战略管理中由于高度关注目标导向及其

① 邓锁. 开放组织的权力与合法性——对资源依赖与新制度主义组织理论的比较[J]. 华中科技大学学报(社会科学版)，2004(8).

② 尚航标，黄培伦. 新制度主义对战略管理的理论意义[J]. 管理学报，2011(3).

功利指向，特别是组织为达到目标所采用的行动策略，却忽视了高校生存的环境及其互动和影响过程；以致造成高校办学与经济社会发展存在脱节，高等教育发展不协调，高等教育分类管理、分类指导制度尚不健全等。新制度主义所关注的问题是组织的结构为什么会相似，即为什么会出现组织的制度趋同性现象。从组织的制度环境着手，将组织域作为基本分析单位，采用制度同态概念对组织的同质性过程及现象进行剖析，强调组织在环境中的运作，不仅要满足技术环境的要求以实现组织的效率，还必须从组织和环境的关系上来认识组织，从合法性机制上来看待组织和环境的“同构”现象①，包括强迫机制、模仿机制和社会规范机制。提出组织战略反应是组织在合法性资源的基础上组织目标与其所处制度环境的契合过程，是对战略管理研究的主导逻辑和范式的修正和超越。② 新制度组织理论利用边际成本分析方法探寻了交易背后的制度选择，沿用新古典主义的研究范式和分析方法来探究制度本身，在规范和实证两个层面深化研究制度在组织中的内生化作用③，从组织生存合理性出发来讨论组织和环境关系问题，更重视组织为什么相似以及制度环境对组织结构的影响，认为合法性机制而非效率机制对组织生存起关键的作用。④

随着全球化和信息技术的发展，人类克服了地域限制的障碍，各个社会组织、行业与高校间相互的交往越来越紧密，高等教育国际化也使各个高校将教育交流活动扩展到了全世界。美国大学近些年来的创新变革是与当地、地区、全国和国际的各类机构建立了伙

① 邓锁．开放组织的权力与合法性——对资源依赖与新制度主义组织理论的比较[J]．华中科技大学学报(社会科学版)，2004(8)．

② 邓锁．开放组织的权力与合法性——对资源依赖与新制度主义组织理论的比较[J]．华中科技大学学报(社会科学版)，2004(8)．

③ 邓吉．基于新制度组织理论的战略管理研究综述[J]．中国商贸，2013(5)．

④ Meyer，John and Rowen，Brian. Institutionalized Organizations：Formal Structure as Myth and Ceremony[J]．American Journal of Sociology，1977，83(2)：340-63.

伴关系。全球化使各个国家(地区)相互交往和相互依存的程度空前地加深，各个国家(地区)在频繁的交往过程中产生了大量的矛盾和问题，民族国家无法控制本国境内影响全球的资本经济活动，更因无力解决超出本国能力范围的公共问题①，因而产生了前所未有的困惑。2013 年 11 月，党的十八届三中全会审议通过的《中共中央关于全面深化改革若干重大问题的决定》中提出了我国全面深化改革的总目标是推进国家治理体系和治理能力现代化。现阶段习总书记提出的改革战略是马克思主义基本原理在中国的继承和新发展，其改革模式体现了六大突破：开始了全方位、配套性的“整体性改革模式”；顶层性、设计性、普惠性的“理性改革模式”；对原有和新增社会资源分配同步改革的“增量与存量改革相结合的改革模式”；短期验证、全面总结、快速推进的“渐进改革与快速改革相结合的改革模式”；国家和政府改革与社会改革同步推进的“主动式、共时性改革模式”；自信有为、主动担当的“大国气派开放模式”。② 大学要实现快速发展与战略管理所产生的制度环境及其组织的制度化过程息息相关，因此思考和决策组织战略的内容与有效性时应关注制度因素，因而探索基于新制度组织理论的战略管理理论的新思维、新范式是城市综合大学面临的新课题，它既是大学结构与功能的一种优化，更是大学应对社会变化的一种主动适应。如新制度组织理论关注组织形式的制度同型性效应，并强调环境条件趋于一致，组织体适应环境的过程往往会导致同型化现象③，运用新制度组织理论，将同类型的地方高校视为组织域，研究副省级城市大学的共性问题，以实现组织的效率。新制度组织理论主张打破与其所处环境有严格的边界，在现实社会中必须追求行为的合法性以求得生存和发展。这些理论观点不仅为我国国家治理体系和治

① 施雪华，张琴. 国外治理理论对中国国家治理体系和治理能力现代化的启示[J]. 学术研究，2014(6).

② 施雪华. 习式改革战略的六大突破[J]. 人民论坛，2015(2).

③ 查强，[加]丹尼尔·兰. 大学之比较——兼析多伦多大学选择同型大学的案例[J]. 教育研究，2004(3).

理能力现代化建设提供重要的理论，而且为我国城市综合大学乃至我国高等教育发展实践提供了重要启示。

第四节　内源发展理论

内源发展理论起源于内生式发展模式。20 世纪 70 年代，欧美通过对工业化与城市化、保护传统文化和生态环境等的反思，创立了一种致力于解决乡村发展问题的新模式——“内生式发展”。内生式发展模式的源头可追溯至 1971 年，联合国社会经济理事会针对不发达地区的项目开发提出了五点共识：(1)社会大众应该平等地享受社会发展成果；(2)在项目开发过程中应引入居民参与；(3)对于进行开发的具体行政手段必须加以强化；(4)对于基础设施进行城乡统筹配置；(5)环境保护要彻底。① 1974 年，联合国大会在《关于建立国际经济新秩序的宣言》中宣告：“每一个国家都有权实行自己认为最适合自己发展的经济和社会制度，而不因此遭受任何歧视。”这一宣言蕴含了“内源发展”的基本理念。正式提出“内生式发展”概念是 1975 年瑞典 Dag Hammarskjöld 财团在关于“世界的未来”的报告提出：“如果发展作为个人解放和人类的全面发展来理解，那么事实上这个发展只能从一个社会的内部来推动。”②

内涵，作为一种抽象的感觉是指概念所揭示的事物的本质属性特征，即事物质的规定性，内涵是隐藏在事物深处的东西，需要探索、挖掘才可以看到；而外延是客观世界中具有内涵反映的特殊属性的每一个对象，即概念的量的规定性。它是对概念对象的指称范围，具有模糊性和可变性的特征。经济增长方式是指一个国家或经济社会增长的总体特征，主要由因素数量增长产生的经济增长，称

① 张环宙，黄超超，周永广. 内生式发展模式研究综述[J]. 浙江大学学报(人文社会科学版)，2007(2).

② Nerfin，M. Another Development. Approaches and Strategies [M]. Uppsala：Dag Hammarskjöld Foundation，1977.

为外延式增长，外延式发展作为内涵发展的对应概念，强调物质数量规模的外形扩张如数量增长、规模扩大、空间拓展等，是以事物的外部因素作为动力和资源的发展模式①；而主要依靠结构调整，科技进步、产业升级和扩大内需等来形成新的增长即以资源的高效率实现的增长，则称为内涵式增长。内涵式发展强调的是优化结构、提高质量、增强实力，是一种相对的自然历史发展过程②，更注重增长方式和质量，它的发展更多的是出自内在需求而更加扎实和健康。所谓"内涵式发展"就是要抓住事物的本质属性，强调事物"质"的发展。③ 内源发展理论是一种寻求从自身内部出发，协调外部资源充分利用自身的资源和优势推动自身发展的理论。将内生经济增长理论视角运用到高等教育领域，一所高校能否加快发展、实现长期发展的关键就在于内生的增长动力。当外向型发展遇到"瓶颈"时，需要我们转变发展观念，从内部寻找发展高等教育的有效路径，这对高等学校走内涵发展道路、实现可持续发展具有重要的现实意义。内涵式发展道路主要通过深化内部多领域改革，激发创造活力，创新体制机制，提高核心竞争力，不断积累量变引发质变。我国高等教育从精英教育向后大众化教育的转变，走"内涵式发展道路"是实现实质性跨越式发展的必然选择。

城市综合大学发展问题并非是单纯的办学规模、学科建设的数量增长问题，而是一种错综复杂的多元现象，它与所在城市及地区的经济、社会、历史和文化因素交织在一起互相影响、互相渗透。高校内生式发展模式以培养地方基于内部的发展能力为目的，是一种利用外部的资金、信息、技术"自我导向"(self-oriented)的发展过程。"内源式"发展的趋势是突出反省的观点，内源发展理论产生于对社会发展现实的一种反思，把发展看做一个在发展中国家内

---

① 赵春雷. 从"外延式发展"到"内涵式发展"——我国高等教育发展的战略转型[J]. 继续教育研究，2015(2).

② 刘建平. 以科学发展观为指导 推动高等教育内涵式发展[J]. 中国高等教育，2013(5).

③ 宋招权，陶兰. 研究生教育内涵式发展的探索与思考[J]. 煤炭高等教育，2013(5).

部开始并且不断持续的一种进程，同时考虑其自然资源和社会资源潜力和可利用的价值空间，进而确定国家利益的明确轮廓和应对方式。它是一种自下而上依靠基层力量推动的发展模式，而不是自上而下依靠行政命令推行的发展模式。也是一种主要由高校内部自我革新来推动和充分利用所在地区环境资源和自身优势，尊重自身的价值和理念，探索适合自己发展道路的方式，而非盲目照搬其他重点大学发展模式的发展。与外源型发展模式相比，大学内源发展的本质是一种全面协调的发展，它重视公平、生活质量、生态保护与文化保存等非经济因素，其模式更加体现师生的意志，以人为本，注重师生的利益和环境保护，是由内部产生的着眼于为师生服务的发展。这种全面综合改革要摒弃“打补丁式改革”，做好高等教育全面深化改革顶层设计，突破高等教育双重体制，让市场机制在高等教育改革发展中起决定性作用。① 不同地区的高校适应固有的自然生态体系，遵循文化传统，参照外来的知识、技术和制度，自觉地寻求实现发展目标的途径，创造出理想的高等教育以及养成人们自觉的生活方式。②

第五节　资源依赖理论

资源依赖理论是研究一个组织最重要存活目标及其变迁活动的重要理论。该理论对于解释联盟组织如高校合作交流以及有效推进战略联盟的形成具有重要价值。其理论的要义有三：一是基于资源的交换，用组织间的权力关系将企业或高校等组织连接起来，使组织成为由内外部共同构成的一个复杂综合体。二是任何组织的生存与发展是有条件的，都需要从外在环境中的其他组织获取资源；环境中尽管包含对组织生存有价值的资源，但这种资源稀缺甚至是无

① 张应强. 高等教育全面深化改革需要对高等教育改革进行改革[J]. 中国高教研究，2010(10).

② 王志刚，黄棋. 内生式发展模式的演进过程[J]. 教学与研究，2009(3).

价的；从其他组织那里得到自己需要的资源具有困难度和多变性，因而具有不确定性。三是组织要实现自身生存发展目标以及自如地进行变迁活动，组织与环境之间必须实现两个目标，即通过最大限度地获取对稀缺或重要战略资源的控制以减少自己对其他组织或他人的依赖；获取对稀缺或重要战略资源的控制提高其他组织或他人对自己的依赖。其理论核心要义是设法减低对外部关键资源供应组织的依赖程度，并寻求一个可以影响这些供应组织之关键资源能够稳定掌握的方法。①

资源依赖理论与新制度主义理论被列为组织研究中两个重要的流派，萌芽于20世纪三四十年代，在70年代以后被广泛应用于组织关系的研究②，其理论代表作是美国杰弗里·菲佛、杰勒尔德·R. 萨兰基克于1978年出版的《组织的外部控制》。资源依赖理论的核心假设：任何组织的资源都是非自给的。组织需要通过获取环境中的资源来维持生存，要从组织所处环境中进行交换来维持生存（Barney 1991）。③ 该理论主要观点有两个方面：一是组织间的资源依赖产生了其他组织对特定组织的外部控制，并影响了组织内部的权力安排④；二是外部限制和内部权力构造构成了组织行为的条件，并产生了组织为了摆脱外部依赖、维持组织自治度的行为。由于环境的资源有限，不足以供所有人和组织消耗，所以那些能够获得较多资源的组织便可以有较大的自主性，并能够影响其他缺乏资源的组织而获得较大的利益效率和发展空间。城市综合大学是深度资源依赖型组织，它和其他大学组织一样其发展需要多种不同的资源，这些不同资源不可能都由组织自己提供，在组织需要资源而不

① 王渊，张彤，陈立军，许益峰. 基于资源依赖理论的供应链联盟成因分析及其发展策略[J]. 科技进步与对策，2006(4).

② 刘艳莉. 我国科技企业孵化器的系统运行机制与绩效评价研究[D]. 哈尔滨工程大学，2009.

③ Barney J. Firm Resources and Sustained Competitive Advantage [J]. Journal of Management, 1991, 17(1).

④ 邓锁. 开放组织的权力与合法性——对资源依赖与新制度主义组织理论的比较[J]. 华中科技大学学报(社会科学版)，2004(4).

可以自给的条件下，需要通过获取环境中的资源和与环境进行交换来维持生存，促进自身发展。由于环境的不确定性和缺乏足够的资源，为了维持组织的运行即生存和发展，组织采取策略就是要持续不断地获取比其他组织更多的资源，以最大限度地保障自身利益不受影响，减少和避免因客观环境变化给自身带来的冲击和不利局面。其策略无不与组织试图获取资源，试图控制其他组织的权力行为有关，它始终关注组织最重要的生存与发展问题。总而言之，资源依赖理论强调对环境的影响，强调组织间关系，着重组织对环境的改变和影响①，因而该理论是对传统组织理论的一个突破。

从外部环境看，随着社会的发展，学校逐渐从社会的边缘回归到社会的中心地带，资源依赖理论认为，主体间的资源具有极大的差异性，而且不能完全自由流动，很多资源无法在市场上通过定价进行购买和交易。② 它们无时无处不受外界环境的影响，并与其发生着物质、信息、能量的交换。审慎的理性管理、选择性资源的积累与配置、战略性的产业要素和要素市场的不完善③，都可形成可持续增长的竞争优势，组织生存建立在一个控制它与其他组织关系的能力基础之上。所以应将组织的目标集中在资源的特性和战略要素市场上。相对于发展目标而言，任何大学所拥有的资源总是有限的，不可能拥有发展所需的全部资源。高校要理性地发展，在资源与目标之间存在着某种战略差距的现实情况下，必须与它所依赖的社会环境中相关因素产生互动，这些因素包含政府、社会组织、企业、高校以及其他组织。因此，相对于不断提升的发展目标而言，城市综合大学为了获得这些关乎长远发展的资源，就会同它所处的环境中控制着这些资源的其他组织化实体之间进行互动，从而导致组织对资源产生了依赖性。为了摆脱这种依赖性，组织试图支配自

① 邓锁. 开放组织的权力与合法性——对资源依赖与新制度主义组织理论的比较[J]. 华中科技大学学报(社会科学版)，2004(4).

② 杨永林. 企业集团管控模式研究[D]. 北京交通大学，2012.

③ 刘艳莉. 我国科技企业孵化器的系统运行机制与绩效评价研究[D]. 哈尔滨工程大学，2009.

己的环境，努力追求与控制它的其他组织的亲密关系，规避对市场的依赖和对技术化机会的依赖。如城市综合大学要生存，资源依赖理论强调组织体的生存需要从周围环境中汲取资源，因而需要与周围环境及其因素相互依存、相互作用才能达到自身的目的；还强调积极主动改变环境，积极主动同它所处环境内的、控制着这些资源的其他组织化的实体之间进行互动，减少对市场的依赖和对技术化机会的依赖。因为任何组织都是环境的产物，组织环境是客观存在但又不是一成不变的客体，组织的变化是组织管理者通过自己的理解、参与、选择、设定而产生，也是组织和环境在持续交互作用一系列过程的结果。资源依赖理论一个鲜明的特点是揭示了组织与环境相互依存、相互作用的依赖关系，说明组织不再是为需要去适应环境的盲目行动者和依赖者，而要成为环境的主宰者和创造者，根据组织发展所处的阶段进行策略选择，让环境来适应自身。该理论使人们认识到了采用科学有效策略来改变自己、选择环境和适应环境对于组织发展的重要作用，强调解除依赖性的最有效方法是改变组织的目的与结构，将替代性高、控制性低的资源使用作为重要着力点，对特定组织、多个领域的外部环境实施合并、联合、合作或治理等多种方式改变环境，同时，创新多种发展路径，摆脱投入有限与服务面向狭小的限制，变依赖对方为让对方依赖自己，实现对环境的主动控制，追求组织自身的最大利益。资源依赖理论为城市综合大学更好地把握发展策略提供了理论工具。

第六节　文化创新理论

中国现代大学教育究其渊源是从西方移植而来的，但从文化视角看，乃是中国传统教育延伸发展的产物，承担着社会文化传承与创新的重要职能。考量大学教育无非关乎制度和精神两个层面，就大学教育的精神而言，则文明人类的经验大致相同，彼此相通。钱穆在《中国文化史导论》中指出："大体文明文化皆指人类群体生活而言，文明偏在外，属物质方面；文化偏在内，属精神方面。"以火车、电灯、电线、汽车、飞机等为实例，阐明"故文明可向外传播与接受，文化则必由其群体内部精神累积而产生”。①

创新型人才的培养根植于一种环境与文化中，高校要承担社会文化传承与创新职能，其本身要在文明文化方面起社会示范作用，然而在近百年的发展进程中，中国文化对大学最大冲击有两个方面：一是社会浮躁风气和实用主义对大学的渗透和影响，以至于大学内部学风浮躁、急功近利现象普遍存在，甚至渗透到各种政策、制度和管理的文化理念之中②；二是中国文化传统对培养学生创新精神、创造能力的限制，特别是大学赖以生存的传统文化的守成性成为深化教育教学改革的痼疾，大学缺乏作为神圣学术殿堂应有文化高品质制约了人才培养质量的提升。大学在推进教育创新发展时，往往从学术和管理技术层面上考虑得比较多，而忽略培养创新人才中学校价值观、理念、制度、传统的影响。因而，在大学规划编制和实际操作中，越来越多的城市综合大学更加重视大学文化因素，在深入推进大学教育教学改革的过程中努力从中国大学依存的中国传统文化中寻找原因，从现今大学的领导、师生及社会对教育的文化理念、文化习俗等自身素质中寻找解决问题的途径，将大学的教育教学改革放到大学文化创新大的背景中去考量，努力推进社会文化传承与创新职能中去完成发展自身文化建设的重任。

大学的价值在于它通过发展科技、文化保存和发展人类的知识，促进人的全面发展；而文化创新可以推动社会实践的发展，引领社会向前发展。目前，中国大学教育改革和发展正处在近百年来最好的历史时期，高校内外部环境不可预见的变化是客观存在的，大学组织获得最深层次的认知层面合法性在于文化。大学文化精髓、核心体现在精神层面上，它经历长期实践内化而成，是在办学历史中形成的办学理念和大学人的共同的价值追求，优良的大学文化才会促使人才培养质量的深入发展。大学战略规划必须高度重视大学文化创新，在设计高校改革与发展各种重大显性问题解决方案的过程中，都要从文化视角特别是文化创新给予回应，并体现出对

① 钱穆：中国文化史导论[M]. 北京：商务印书馆，1994：1.

② 李延保. 大学文化与人才培养[J]. 学园，2008(2).

利益关系人的关照。而大学规划要获得最深层次的合法性，就需要大学在与环境的互动中努力营造有利于先进文化产生的体制机制，通过战略管理使大学更清晰地认识自身的目的与目标，以及为实现目标更好地分配资源。不断丰富和创新文化建设内涵，从精神文化、制度文化、物质文化、行为文化等多维度形成能够共享的文化范畴和认知图式，促进办学理念认同、管理制度科学、文化品牌涌现、校园环境优化，并将其外化于形，内化于心，固化于制，影响组织成员的行为和认知，在校内外使利益相关者形成积极的认知图式，推动文化建设系统化、科学化，成为指导大学行为的基本信念、基本准则内化在大学成员的意识中，成为共同语言乃至潜意识，指挥和控制着大学的行动，营造出一种有利于改革和创新发展的文化认知环境。

文化创新是城市综合大学的重要使命，科技和文明是人类的共同财富，当今世界不同文化之间相互吸纳精华而共同发展已成为时代主题和潮流，实现文化创新，需要城市综合大学坚持改革开放，推进教育国际化，博采众长，从不同地区高水平大学、同类型大学乃至不同国家民族文化之间的交流借鉴，在将中国优秀文化传统中蕴涵的智慧、创新、和谐的人文精神深刻挖掘，与领悟西方科技文明中的实践、缜密、求实的科学精神紧密结合融会贯通①，吸纳精华而融合共同发展，在文化创新的过程中培养我国现代化建设需要的各类创新性人才。

① 李延保. 大学文化与人才培养[J]. 学园，2008(2).

第三章 协同提升：大学和地方的共赢模式研究①

——英美地方大学的发展、评价与经验

20世纪90年代快速推进的工业化、城市化进程对高等教育提出新要求的同时，也直接推动了中国式“新大学运动”——地方大学的蓬勃发展。虽然地方大学与地方的关系越来越密切，但是能与地方形成协同战略联盟、并形成办学特色的地方大学却屈指可数，千校一面的同质化问题更是日益突出。究其原因，主要在于我国地方大学长期受政府办学的教育体制影响，“习惯把发展的视野仅停留在政府对大学的评判标准上”②，对于如何在地方与大学之间建立直接关联，并利用地方资源转化为学校特色和新生长点却并不得心应手。美国的州立大学、相互作用大学和英国的城市大学这三类地方大学都以服务当地的经济社会而著称。在推动地方经济发展和城市竞争力提升的过程中，这三类大学的办学特色愈益彰显，办学水平不断提升，成为国家创新体系中的重要组成部分。“他山之石，可以攻玉”，这三类大学与地方的协同发展模式无疑值得我们研究与借鉴。

第一节 以服务彰显大学使命的州立大学

美国州立大学自创建始，一直强调大学的地方性和开放性。这

---

① 俞俏燕. 论美英地方大学和地方的共赢模式[J]. 教育评论，2012(04)，笔者在此略有改动.

② 同玉洁. 大学与城市的互动——基于比较视阈下的地方大学发展之路探寻[J]. 当代教育科学，2009(11).

种地方性和开放性不仅使分布于全美各地的近500所州立院校成为推动城市发展生产力的主力军，改变了美国社会，而且也为美国高等教育的高水平发展作出了卓越贡献。至2011年，美国高水平研究型大学俱乐部——美国大学协会（Association of American Universities）61个成员中就有35所州立大学。① 威斯康星大学就是美国州立大学的典范。

创建于1857年的威斯康星大学是由分布于威斯康星州各地的10所公立大学构成的大学系统，是全美最顶尖的3所公立大学之一，在2011年《美国新闻与世界报道》大学排行榜上位居第42名。② 威斯康星大学之所以在经历130余年的发展后成为美国最优秀的大学之一，原因在于20世纪初在查理·范海斯校长领导下形成了著名的“威斯康星思想”（Wisconsin Idea）——大学要服务于民主社会的各种需要。这一思想经过一百多年的演绎，为威斯康星大学带来了独特的发展模式。

一、面向全州发展公众教育服务，积极扩大社会影响

威斯康星大学把整个州作为大学校园，积极开展技术推广教育和函授教育，发展了把大学教育和普及性教育相结合的综合化教学体系——大学推广部（University Extension），在各地建立地区推广教育中心来提供短期实用的课程。到了1910年，这类推广教育中心已遍及全州，约有5000人注册修习这些中心所提供的函授课程。③ 今天，威斯康星大学其技术推广教育和函授教育仍极具规模，每年暑期都要开设1300多个短期班和短期课程。④ 哈佛大学

① Member institutions and years of admission [EB/OL]. http://www.aau.edu/about/article.aspx? id=5467.

② http://colleges.usnews.rankingsandreviews.com/best-colleges/rankings/national-universities/data.

③ 杨晓波. 美国公立高等教育机制研究[M]. 太原：山西教育出版社，2008：73-74.

④ 王英杰. 美国高等教育的发展与改革[M]. 北京：人民教育出版社，2002：12-13.

校长艾略特曾对此评价，“威斯康星大学是一所优秀的州立大学，它之所以取得这样的地位，是由于它向州部门提供了专门知识，向大众提供了讲座，把大学送到了人民当中”。① 正因为此，威斯康星大学成为“任何人可以学习任何东西的地方”，其社会声誉也由此大大提升。

二、立足地方发展特色学科，实现大学与地方的互动

校长查理·范海斯坚信威斯康星大学必须植根于州谋求发展。在1904年，当威斯康星州还是一个农业大州时，范海斯就提出：“威斯康星大学要在一个农业大州的主要生产项目奶牛场中生存和发展。”因此设立了以农业为主题的短期课程计划，科学研究也集中在如何提高农业的生产效率上。“巴布科克(Babcock)脂肪检验法”的推广为威斯康星州的乳制品节约了数百万美元，大大促进了该州畜牧业和乳品加工业的发展。② 到了20世纪，随着威斯康星州制造业的发展，威斯康星大学又开始致力于服务新的产业，发展新的学科。到了今天，威斯康星大学的一些学科由最初的因州而设发展成为全美甚至全球领先，如畜牧科学、生物科学和细菌科学等学科方面迅速处于全美领先地位，而应用物理、计算机工程、系统工程等代表现代科学技术领域的核心学科专业仅次于耶鲁大学、斯坦福大学、麻省理工学院、普林斯顿大学等名校之后。

三、建立公共福利部，开创美国高校直接服务于州政府的先例

威斯康星大学建立公共福利部(A Bureau of General Welfare)，负责解答公众提出的关于环境、经济、社会、行政管理和教育的种种实际问题，设立公众辩论与商讨社，在全州组织发起对各种有争

---

① 王英杰. 美国高等教育发展与改革百年回眸[J]. 高等教育研究，2000(1).

② 杨晓波. 美国公立高等教育机制研究[M]. 太原：山西教育出版社，2008：73-74.

议问题的讨论。大学的各种实验室为全州检验土壤、矿石、燃料和水等，直接服务于威斯康星州。① 威斯康星大学直接服务于州政府的一个重要途径还在于让教授直接担任政府职务。教授们不仅给州长和州各部门提供咨询意见，而且被直接任命为州各部门的官员，通过这一途径，教授们把大学的工作方式带到了议会和政府，从而使决策过程科学化，使法律的实施有公众的支持，使新的研发技术和成果应用于产业的发展。既帮助解决公众解决和涉及公众利益的问题，又进一步促使大学走进社会，在成为全州经济社会发展的"智囊"的同时，也获得了全州的支持。

四、主动承担各类研究项目，推动州经济社会和谐发展

威斯康星大学自建校之始就宣称学校有责任为州政府及政府所属单位提供帮助。不管是经济发展问题、社会问题还是种族问题，只要是州政府面临的问题都被威斯康星大学纳入研究范围，并为政府提供研究报告和相应建议。此外，大学还为政府机构雇员提供专门教育与培训，帮助他们掌握管理工作中的新技术。大学和政府这种互惠互利的方式在推动威斯康星州整个经济社会和谐发展的同时，更是从经费、社会资源和社会声誉等方面大大推动了威斯康星大学的发展。

第二节　以互动谋求卓越的相互作用大学

20 世纪 80 年代，随着新知识经济时代的到来，大学被呼吁应更多地参与解决现实社会的问题。在一批具有革新思想的、致力于改变美国高等教育面貌的州立院校长努力下，美国马里兰州中部、休斯敦、加利福尼亚州南部、代顿、缅因州南部、阿拉斯加州中南部等城市的大学重新调整了它们的办学方向，主张并实践了一种与地区发展建立紧密互动关系的新大学模式——"相互作用大学"（也被称为"大都会区域大学"、"合作大学"）。这类新大学一改过去的

① http://www.wisc.edu/public-service/.

以学校一方为中心的“自我中心论”，主张在“相互作用战略”引领下，强调多元利益主体的共存与协作，并通过创建联合机制，与大学所在地区的企业界、公众及政界建立起积极合作、双向良性互动关系，在致力于解决社区认定的最重要的社会、经济、政治问题的同时，丰富学校资源，扩大社会影响，从而谋取新的发展。位于首都华盛顿郊区的北弗吉尼亚的乔治·梅森大学就是在接受社区需求的挑战中获得成功的相互作用大学。

乔治·梅森大学（George Mason University，简称 GMU 或 Mason），前身是弗吉尼亚大学的附属学院（成立于 1954 年），1972 年正式成立后锐意扩展。经过短短 40 多年的发展，乔治·梅森大学的公共政策、法学、心理学、工程、大众传播和音乐等学科都位于全美领先，管理学院位于世界前 40 位。科学研究在近几年也获得突飞猛进的进展，尤其在癌症研究、气候变化、信息技术和生物科学等领域取得了举世瞩目的研究成果，为当地的发展作出了卓越贡献。① 英国《泰晤士报》“高等教育增刊”2007 年对全世界各大名校做的全面比较中，乔治梅森大学排名第 91 位，2012 年 US News 美国大学本科综合排名中排第 138 位。②

乔治·梅森大学之所以能从一所名不见经传的公立院校发展成为美国崛起最迅速的大学，有如下几方面原因：

一、具有“相互作用”思想的校长

相互作用大学一个基本要素就是具有“相互作用”思想的校长。校长必须具有“以社区为中心”的思想，亲自参与相互作用战略的制订与实施，并把大量精力投入到学校与社区的相互作用上。1978 年约翰逊新任校长之时，这所大学还是一所落后的地区性大学，学校与周围的社区基本上处于相互隔绝的状态。约翰逊校长把打破学校与社区之间存在的壁垒作为学校发展的第一步。他不仅走出去向社区宣传学校，还把社区的各界领导人请进来，为学校提出各种宝

① http://academics.gmu.edu/.

② http://grad-schools.usnews.rankingsandreviews.com/best-graduate-schools.

贵建议。并连续举办各种联谊会、讲座和研讨会，讨论社区与大学的需要及发展问题。同时他也同企业界、公众及政界的领导人举行一系列圆桌会议，商讨共同关系的问题。学校与社区通过双边讨论都获得了有益的新认识，建立了相互合作新关系，从而形成了一股新的力量，促进社区与学校的发展和变革。①

二、依据社区需求设置学院，使学校成为社区发展的生力军

乔治·梅森大学所在地区高新技术产业迅速发展、人口急剧增长，距乔治·梅森大学20英里的威廉王子郡是弗吉尼亚州最大、发展最快，却没有高等学校的城市。20世纪80年代初，该郡的社区领导人认识到拥有一所设在本地的大学对于当地未来发展是至关重要的。乔治·梅森大学接受威廉王子郡的要求，制定了一个把大学改造成为"分散型大学"的方案，把学校分成几个大的学院，包括文理学院、国际关系学院、威廉王子学院等，以满足本地区许多人口稠密而交通不便的社区对高等教育的迫切需求。同时，为承担起大学推动社区发展的重要使命，乔治·梅森大学根据社区发展多方需求设置相应的学院，包括旨在促进社区教育、文化、体育、健康和安全的教育与人类发展学院，解决疾病和健康问题的健康服务学院，促进社会和谐发展的人文社科学院，以及促进信息和技术发展的信息技术与工程学院等。同时还根据社区发展的具体需求依托学校学科专业设置了各种研究中心和研究所。目前，乔治·梅森大学已有97个能承担文化、艺术、能源、工程、医学、政策、法律、种族冲突等事关社区发展各种课题的研究中心等专门研究机构。这些学院和专门研究的设置不仅使乔治·梅森大学成为社区发展的生力军，还迅速提升了乔治·梅森大学在全美的知名度。

① 葛守勤，周式中．美国州立大学与地方经济发展[M]．西安：西北大学出版社，1993：87，92-93.

三、制定“相互作用战略”，积极争取外部支持

任何一所大学要获取外部资源就必须走出去同社会各界相结合，与社区的利益联系在一起。相互作用大学的主要经验就在于制定有助于建立这种利益联系的“相互作用战略”，其核心就是要求学校与社区确立共同的认识与目标，相互合作，达到互利。乔治·梅森大学的信息技术与工程学院就是学校重视社区需要、结果双方获利的一个例证。信息技术与工程学院是由乔治·梅森大学的负责人与40多位高技术企业领导人联合组建的。建成后，这些企业界人士又继续为这所新学院的建设与发展提供支持，包括向该院派遣专业顾问，以及提供总价值达200万美元的捐赠基金、奖学金、设备和科研合同等。

在“相互作用战略”下，乔治·梅森大学与外部环境的边界逐渐消失，与工商业间的研究伙伴关系日益增强，各类研究项目、针对地方社会问题的学术会议、针对性课程进入工矿企业，教师、学生、实习医师、首席执行官相聚教室，这些都为知识在大学与其周围地区的交流提供极大便利。① 随着“相互作用战略”的推进，乔治·梅森大学与社区各种组织深入持续的交往合作逐渐制度化，学校和社区之间的利益关系也更加紧密，学校由此获得了包括研究经费、政府政策支持、社会声誉等前所未有的外部支持，大大开拓了乔治·梅森大学的发展前景。

四、找准生长点，与社区协同创新

相互作用大学的一个共同生长点就是发挥大学智力优势，积极拓展大学对社区的服务范围，从社区中获取力量实现快速发展。乔治·梅森大学在建校之初便拒绝在悠久历史的名牌学校后面亦步亦趋，明确将学校的办学面向社区，学校的知识、科研、服务与教学都是与社区相互依存、共同促进的，课程设置由那些致力于技术革

① George Mason's Plan for 2007[EB/OL]. http://www.gmu.edu/vecenter/plan2007/research.htm

新、知识应用与创造最佳业绩的校内外学者们共同制定，切合社区需求，不断促进实践发展。乔治·梅森大学积极拓展研究领域和学科专业，目前设置 137 个专业，涵盖艺术、生物科学、商业、通信、计算机与信息科学、教育、工程、保健、语言与文学、法学、数学与统计、物理科学、保护服务、心理辅导、社会服务等弗吉尼亚州急需的专业学科。可见，乔治·梅森大学扮演的不再是一个置身于社会之外的旁观者和批评者角色，而是成为一个积极参与者的重要角色和主要力量。

第三节　以产研结合提升水平的城市大学

19 世纪上半期，英国一些新兴的工业城市出现了一批由当地企业家和私人团体资助的、有别于古典大学的新型大学——城市学院(也称“新大学”)。创建之初，城市学院的学科专业完全根据城市的产业结构来设置，强调为城市的经济发展服务。城市学院很快成为具有各城市工业特色的采矿、冶金、纺织等产业性教育中心。但早期的城市学院没有皇家特许状和独自学位授予权，也没有大学称号，因此不享有一所英国大学所具有的真正权利。为此，在脱离生存阶段后，城市学院开始效仿牛津、剑桥等经典大学模式，加强对科学理论的研究，并增设人文教育。20 世纪初，以伯明翰学院升格为开端，各城市学院陆续升格为大学。升格后的城市大学开始全力关注学术发展，综合性和研究性不断得到彰显和强化。2012 年，英国《泰晤士报》从教学、科研、学生录取质量、师生比等多项指标对大学的综合排名中，布里斯托大学、伦敦大学、诺丁汉大学、伯明翰大学、利兹大学等多所城市大学居于前列。尽管今天的英国城市大学已不再满足于仅为地方经济履行技术教育的职责，而热衷于以科学研究提升学校的学术水平，但促进地方产业升级与经济成长仍是城市大学不变的办学宗旨，也是它们取得辉煌成就的根本途径。利兹大学就是其中的一个杰出典范。

利兹大学的前身是建立于 1831 年的利兹医学院以及建立于 1874 年的约克郡科学院。1887 年与曼彻斯特欧文学院、利物浦大学合并，1904年经皇室特许状成为一所正式大学。自建校之初利兹大学就与约克郡地区的商业及工业有着密切关系，致力于研究科学与产业之间的联系，并将科研成果服务于利兹市的发展。经过一个多世纪的发展，利兹大学成为了英国最负盛名的大学之一，也是英国最大的一所以研究为主的重点院校。2010年，全球高校专业排名中，有27个专业位于全球排名前100位，其许多学院都在历年英国大学排名榜中名列前茅。① 利兹大学不仅是全英最好的10所研究性大学之一，在《泰晤士报高等教育》与QS联合发布的世界大学排名中，2010年为85位。它之所以取得如此卓越的成绩，与它注重与区域共生共荣的发展战略密不可分。

一、战略优先，注重执行

任何一所优秀的大学都会将发展战略作为推动发展的关键。2003年，利兹大学在一系列成功的规模扩张后，为保证学校在英国乃至世界高等教育中的领先地位，成立了专门小组，首次应用"战略地图"来制定发展战略，并确定战略目标为2015年成为世界50强大学之一。学校将愿景、目标、价值观、利益相关者和合作伙伴、关键主题(战略主题)、战略促动因子六部分作为战略地图的基本框架，实施利益相关者管理，通过设计组织任务系统、评估业务优先级别、确定关键战略举措、安排业务发展顺序、进行财务预测和模拟这五大程序将战略地图目标以阶梯式形式呈现②，以明确不同层级的战略目标以及各目标间的联系，并帮助执行者明确自己的工作职责与工作范围。通过战略地图的制定，利兹大学成功地将战略内容与大学的基本能力相联系，将各层次的战略目标与整体战略相协调，充分发挥各利益相关者的作用，大大增强了战略实施过程中的执行力，推动了近几年学校的迅速发展。

---

① http://www.topuniversites.com/university-rankings/world-university-rankings.

② 柴旭东. 战略地图与大学发展战略制订——以英国利兹大学战略地图为例[J]. 教育发展研究，2008(z1)：101-104.

二、瞄准科技前沿，始终服务地方重大战略需求

作为英国顶尖的研究型大学，利兹大学将学术作为大学的核心价值，将科研作为大学的生命力，将服务于地方重大战略要求作为创新的动力。目前的研究领域中61%已达到引领世界或国际领先，在英国大学的研究质量排行榜中，利兹大学排第14位，在2008年英国科研评估考核(RAE)中排第8位。利兹大学之所以站在科技前沿，是因为利兹大学将自身看做是解决社会、经济、环境重大问题的地方。因此，利兹大学的科研并非仅限于"象牙塔"内的闲逸好奇，而是积极通过与国内外顶尖的研究机构、企业和政府开展战略合作，将学术知识投向各个实际领域。利兹大学以社会重大需求为导向设立了多个综合性跨学科研究中心。如，文化社会改革中心主要专门从事文化创新产业、文化遗产转换、艺术设计、传播学这四大领域的研究，并将高质量、持续的研究成果用于企业、社区和政策制定；社会技术中心则主要从事工程科学与人类行为学相互结合的研究；能源综合研究中心(官方投资)，主要从事能源政策革新与能源技术创新相协调的研究；非洲学院则整合了一支热带农业、昆虫生理学、生态学等学科的杰出学者，主要在谷物增产、气候与农作物模化、环境保护、营养与健康、食物与运输几大方面展开研究，旨在为食物安全和人类健康作出重大贡献。此外，还在疾病治疗、药物生产成本降低、水资源及污水处理等实用领域进行积极的探索和研究。①

三、注重产研合作，拓展长期有效合作渠道

利兹大学将拓展长期有效的合作渠道作为一项重要的战略途径来执行。为与不同的客户和利益相关者建立合作性伙伴、与市场成功衔接，学校根据不同市场的独特要求，制定市场发展战略和公共

① Making a different. Our researchers are helping to answer society's big questions [EB/OL]. http://www.leeds.ac.uk/info/20024/research_and_innovovation/91/research_impact.

关系策略，积极与私营或公共组织合作，创立伙伴关系网络，进行商业孵化活动，支持经济再生计划。

目前，利兹大学正积极执行由英国政府支持的行业支持方案——“知识转移伙伴”计划(Knowledge Transfer Partnerships)。这一计划旨在通过利兹大学机构研究所的高水平团队，在科学研究的同时，为企业创新提供自始至终的技术支撑，重视知识的转移和商业化，促使创新科技和创新能力为产业界有效利用。大学作为校企合作的一方提供专业知识，与来自公司一方的代表共同对项目进行监督，政府和参与企业则为大学提供经费。此外，利兹大学设有由贸工部批准设立的技术转移办公室(DTI)，对校内教师和学生提供政策\法律咨询和服务，对外从企业中寻找研究课题，向企业推销技术和专业。技术转移办公室对于促进利兹大学的知识转移和商业化起到积极作用。① 对外合作过程中，利兹大学不仅向企业输送劳动者，还从企业聘请优秀人才兼职任教，既增加教师的流动性，又保证所授知识与行业的发展保持同步。长期有效的对外合作伙伴关系拓展了学校收入来源的渠道，从而在确立学校“市场引领者”地位的同时，也保证了学校更好地运行。

四、具有强烈经营意识　不断增强办学实力

办学资源是任何一所大学发展的基础，在高等教育资源日益稀缺的时期，经营意识和能力成为大学发展能否可持续的必要条件。尽管利兹大学是一所公立高校，但它具有强烈的经营意识，十分重视办学成本的投入与产出，为此，学校专门建设营销、创意、公关、学习者服务等系列团队，打造多种课程品牌，并建立了一套市场营销的运作体系和适应市场变化的快速反应机制，直接面向市场，大大降低了对当地政府的依赖性，从而获得了极大的发展主动权，具有很强的生命力。

① Knowledge transfer partnerships. How can we help your business? [EB/OL]. http://www.leeds.ac.uk/info/125080/knowledge_transfer_partnerships.

第四节　英美地方大学的评价与经验

尽管不同国家的地方大学受制于不同的教育体制，有着不同的发展模式，经历着不同的转型和变革，但不论是美国的州立大学、相互作用大学，还是英国的城市大学，无一不说明，任何一所不甘落伍的地方大学要在日益激烈的竞争中脱颖而出，除正确认识自身的定位与独特的价值外，更需要植根于当地社会政治经济文化来确定其独特的发展模式，并努力在为区域发展作出贡献中获得生命力。具体来说，大学与地方的协同发展应包含以下内容：

一、认清“阶段性”，以战略规划指引各阶段发展

已有学者指出，地方大学的发展一般要经历成长期、质变期和成熟期。在成长期，区域的影响力是关键因素；到了质变期，地方大学会在兼顾与城市互动的同时把目光放得更加远大，已有几个优势学科闯入全国大学排行的领先位置并带来示范效应；到了成熟期，地方大学对城市的依赖逐渐减少，城市却在借助它成就自己的现代化和国际化，这时地方大学达到存在于城市又超越城市之上的境界。英美地方大学的发展历程不仅证实了这一说法，还给予我们启示，要由现有发展阶段跃变为更高级发展阶段，认清自身发展阶段、确定发展目标、制定战略规划，并加以认真执行，是实现发展目标的关键。

我国高校虽然每个国民经济五年计划内都会制定自身事业发展规划，但由于对规划的重要性认识不足，大多数高校并没有将规划置于学校事业发展的关键地位，规划的目标与学校的发展阶段不甚匹配，规划的内容与学校的实际不相符合，规划的任务与实际的执行完全脱节。这集中表现在不同层次、不同类型、不同发展阶段的学校却有着雷同的战略规划。对此，我们应借鉴上述地方大学的发展经验，认清学校自身的发展阶段，并将具有阶段性和针对性的规划视为学校发展战略的关键。

二、突出“地方性”，以服务求支持

牛津大学校长约翰·胡德所说：“衡量一所大学是不是最优秀，标准不是光看它的学术，而应该看它如何帮助所在的社区应对社会变革带来的诸多挑战，并能提供解决问题的方案。”①古典大学尚且如此，地方大学更是应该将“地方性”作为自身的根本属性，将为地方培养应用型人才、解决地方经济社会发展过程中的各种问题作为地方大学不可推卸的重要职责。

美国的州立大学、相互作用大学，英国的城市大学之所以能在该国的高等教育系统中占据越来越重要的位置，就在于这些地方高校哪怕是在经费窘迫、生源短缺的创建初期都显示出强大的生命力。而这种生命力就源于它们能根据当地政治、经济和文化发展的特点，合理定位学校的发展目标，积极持续地为地方经济的发展开拓新领域，使学校特色与地方特色紧密相连。我国地方大学要走出发展瓶颈，就应充分考虑地方的经济、社会和文化需求，紧密结合当地的资源和人文地理优势以及自身办学条件，通过相应的人才培养、科学研究和社会服务，在促进当地的社会经济发展中形成特色，求得自身的发展。

三、强调“协同性”，在互惠互利中共同提升

不管是州立大学、相互作用大学，还是城市大学，在发展过程中，尤其在进入发展的更高级阶段，都与地方的发展形成了协同互动的发展格局，并最终因为地方的社会进步和经济发展作出不可替代的杰出贡献而一举成名。协同发展意味着大学与地方不再是资源获取与供给的关系，而是利益休戚与共的伙伴；相互之间的合作也不再是线性的单向关系，而是融为一体的全面的立体化的合作关系。这意味着大学并不再是一味迎合社会的需要，而是在服务社会的同时注重自身的发展；这种合作既是教学、科研职能的延伸与展开，也是促进地方经济社会发展这一新职能的拓展。随着新一轮的

① 陈晓春，顾泳. 大学，城市创新的源泉[N]. 解放日报，2005-09-24.

产业革命和社会的转型，我国地方高校与地方的关系更加紧密，以往单向的服务地方战略已不能保障地方高校获得突破性的进展，只有借鉴英美地方大学的发展战略——协同战略，在关注他方的同时，注重自身的发展，才能有效推进我国地方大学的新一轮发展。

四、彰显“个性化”，以学科特色提升核心竞争力

英美地方大学的发展案例告诉我们，个性化发展是地方大学获得成功的一条捷径，而体现大学个性的核心是学科、专业和课程特色的凝练。而学科、专业和课程特色的形成与学校强调服务区域的价值取向和办学宗旨密不可分。无论是威斯康星大学，还是乔治·梅森大学，或是利兹大学，其学科、专业和课程的设置都与当地的产业结构和人才需求有着密不可分的关系，也正因为此，每所地方大学的学科专业具有鲜明的特色和较强的竞争优势。相比之下，我国地方大学自 20 世纪 80 年代都不约而同地走上了综合化发展道路，学科专业设置日益趋同，课程建设也互相模仿，具有个性的特色建设成为呼声最高，实效却最不明显的一项战略举措。因此，如何有效凝练学科、专业、课程特色，提升核心竞争力应该成为借鉴国外同类大学发展经验的重要内容。

五、理顺校政关系，以校政合作推动跨越式发展

近代英国对地方新学院基本上不采取任何扶持手段，甚至还不允许城市学院授学位，这使城市学院由最初的技术教育转向重理论的研究型大学发展。但在城市大学与外界的合作交流中，英国政府却起到了重要的推动作用。政府设立产学研合作专项资金，积极投资产学研合作研究项目，大力支持大学的技术转移，鼓励大学、企业共同参与国家重大战略技术计划的实施。这种由政府主导的紧密合作关系既推进了技术创新，也发展了大学。美国州政府虽然不直接干预地方大学，但通过增地、拨款、法律等多种有效的手段强化政府职能，并参与董事会介入大学决策管理，从而大大推动了赠地学院的发展，也大大推动了州经济的发展。

我国正处于转型时期，不仅政府举办高校的教育体制没有实现

突破，政府主导型的经济体制也没有实现根本转型，地方大学无论是自身的发展，还是与地方建立各种长效合作机制都离不开政府的扶持。因此，充分认识地方政府的作用，加强与政府的合作成为现阶段地方大学实现跨越式发展的一条必经之路。但我们也必须清楚地认识到，大学是一个学术团体，是探索和传播高深学问的场所，任何时代、任何阶段、任何国家的大学都必须遵循大学的内在逻辑——知识学术的逻辑而存在。因此，地方大学要积极探索现代大学制度，制定大学章程，理顺学校与政府的关系，维护“自生秩序”，寻找适合自身情况的办学理念和发展路径。

第四章　城市综合大学发展规划文本研究

第一节　城市综合大学制定发展规划的作用与要求

20世纪80年代，战略规划开始在西方大学中盛行，各种相关研究与实践开展得如火如荼。同时期，随着我国计划经济的终结，社会主义市场经济的确立，加之高等教育从精英化向大众化的推进，国内高校的生存与发展也开始面临与西方同行相类似的挑战。至20世纪90年代末期，处于内外部环境压力下的我国高校开始吸取国外高教同仁的成功经验，制定并实施战略规划逐步成为了大家的共识。

所谓"城市综合大学"，系指由我国副省级城市主办，行政隶属于城市，其经费主要来源于副省级的市人民政府，业务由省级政府主管的地方高校。其生源最早主要来自省内，甚至绝大部分是市内，逐步发展成为面向多省甚至全国；专业设置及人才培养也都贴近城市发展，综合性较强，一般设有较为齐全的学科门类；其办学层次多以本科为主，以专科、研究生为辅。① 大学建在城市，主要为城市(区域)经济建设服务。从上述属性可以看出，城市综合大学是区域创新人才培养的桥头堡，是区域技术创新的孵化器，对区域发展有着重要影响。在这类大学中实施战略管理有何重要意义?

---

① 刘勇兵，马培培. 新建地方综合性大学的战略规划研究[J]. 黑龙江高教研究，2008 (5).

如何才能结合区域经济社会发展需要实施科学有效的战略管理？上述问题急需我们的关注与解决。

一、城市综合大学制定发展规划的作用

作为现代大学的管理手段之一，制定并实施战略规划是城市综合大学生存与发展的客观需要，对促进大学自主发展具有重要意义。本书在文献研究的基础上，结合自身的实践工作经验，认为城市综合大学实施战略规划管理对于大学自身发展及其教职员工而言，在精神层面和物质层面都具有不可替代的作用。

（一）精神层面

1. 有助于大学重新定位，塑造大学精神和价值观

大学的战略规划，本身就是大学精神和价值观的体现，其制定过程本质上就是对自身精神、使命、愿景等核心价值观进行提炼、继承和发扬的过程。① 当前，许多大学只将目光放在短期、内部的问题上，缺乏对自身使命的明确认识，有的甚至根本就没有使命②；还有一些大学只有口号，没有目标，听起来振奋人心，实际办学中却并不知道应该做什么，为什么要这么做。③ 实施战略规划管理是解决上述问题的有效措施之一。一所大学，其战略规划中的指导思想、战略定位、总体目标等内容就是对自身精神和价值观的概括，更是对这些精神和价值观的强有力塑造。它所追求的不仅是生存，更是繁荣。通过战略规划，大学能够审视自身，重新定位，明确目标，合理谋划，充分利用办学自主权，形成办学特色，塑造旗帜鲜明的大学精神与价值观。

---

① 林勇，陈德敏，肖俊夫. 新时期我国大学发展战略规划制定的认识与实践[J]. 国家教育行政学院学报，2011（9）.

② 张艳敏，俞海侠. 高质量大学战略规划的主要特征探析[J]. 教育科学，2010（4）.

③ 别敦荣.《纲要》解读及大学“十二五”发展战略规划制定[J]. 高校教育管理，2010(4).

2. 有助于凝聚人心，促进大学教职员工的团结协作

难以想象一所院系、部门间没有共同发展纲领，唯有领导个人意志和要求的大学会有多大的凝聚力。这样的高校，教职员工是不可能上下齐心谋发展的。大学的凝聚力既来自其自身的深厚文化积淀，又取决于其共同的发展纲领。① 战略规划就是这样的发展纲领，它是一所大学的发展指南，引领全校上下为了共同的目标而努力，有助于形成凝聚力，并将这种凝聚力融入每个人的日常工作中，使人们自觉自愿地投身于学校的大发展。②

(二)物质层面

当今社会，大学所面对的内外部环境都在急剧变化。通过实施战略规划管理，大学可以实现优化配置资源、高效利用资源等，提升自身竞争力，以期实现可持续的，甚至是跨越式的发展。③

1. 有助于大学适应外部环境，应对市场竞争

当前，城市综合大学所面对的外部环境是较为严峻的。第一，生源规模持续缩减，以武汉市为例，高考报名人数逐年降低，2015年较2014年减少了2615人，占比高达4.7%④，如何保持规模效益成了城市综合大学必须面对的难题；第二，各高校对优质教师资源的竞争越来越激烈，城市综合大学要获得优质师资力量所需付出的代价越来越高；第三，区域经济社会高速发展的背景下，城市综合大学必须承担更大的社会责任，社会发展方式的转变、发展速度的日新月异等都对它们提出了全新的挑战；

① 别敦荣.《纲要》解读及大学“十二五”发展战略规划制定[J]. 高校教育管理，2010(4).

② 别敦荣. 大学发展战略规划的制定与实施——青岛大学案例研究[J]. 高等工程教育研究，2010 (1).

③ 包水梅. 大学发展战略规划的逻辑研究[J]. 国家教育行政学院学报，2013 (2).

④ 楚天都市报. 2015年武汉高考报名人数比2014年减少2615人[EB/OL]. http://www.yuloo.com/gk/news/1503/1314153.shtml,2015-03-06.

第四，民办高等教育、非学历教育等蓬勃发展，有些甚至和城市综合大学的定位相重叠，必然对传统公立高等教育产生一定冲击；第五，大学发展自主权的逐渐增大、政府通过评估等方式对高等教育质量控制力度的逐渐加强，都对城市综合大学自身的管理能力提出了更高的要求；第六，转型期的高等教育发展无疑是需要大量资金投入的，城市综合大学的经费主要来自于地市级政府，发展也自然受到一定限制。①

面对上述挑战和难题，城市综合大学必须坚持自己的特色，努力提高质量。其中，实施战略管理、制定科学有效的战略规划是关键，这是城市综合大学直面国内外市场竞争并力争不败的首要条件。②

2. 有助于大学协调内部环境，超越矛盾求发展

大学是一个“麻雀虽小，五脏俱全”的小社会，内部人员众多，充斥着诸多利益和非利益的关系，各种利益冲突和矛盾在所难免。现实中，有的大学在处理这些矛盾时选择迁就与妥协，倒向强势一方；有的大学则选择回避或兼顾，搁置或绕开矛盾。显然，上述两种处理方法都不可能真正解决大学发展的核心问题。

在编制战略规划的过程中，大学要确定自身优先发展和重点突破的领域、项目等，必将触及各种关系和矛盾。各部门、院系、学科、专业等的战略意义，以及资源的总体流向等都将随之明确。某种意义上，编制战略规划的过程就是城市综合大学直面内部矛盾，进而超越矛盾求发展的过程。通过科学的战略规划制定流程，大学可以全面了解各种矛盾，理解各方诉求，在保证重点的前提下兼顾各方正当需求，进而缓解矛盾，从整体上以战略思维把握自身长远发展的方向。③

---

① 李宝笃. 大学发展模式转变与“十二五”发展规划编制[J]. 青岛农业大学学报(社会科学版). 2010(3).

② 张丽萍. 城市综合大学战略管理对策研究[J]. 咨询与决策，2011(8).

③ 别敦荣. 论大学发展战略规划[J]. 国内高等教育教学研究动态，2011(23).

二、城市综合大学发展规划制定的要求

当前，我国绝大部分高校有自己的战略规划，但由于制度、认识、方法和执行等方面的问题，并非所有大学制定的规划都能完全起到上文所述的应有作用。学者赵文华指出，我国高校在这方面面临的主要问题包括：编制和实施规划的体制性内源力不足；对规划的有效性信心不足；组织支持不足；理论与实践研究不足；校长任用方式影响规划的价值实现五个方面。① 因此，我们认为，要解决上述问题，让规划起到应有的作用，城市综合大学规划制定应满足以下两个方面的要求：

（一）谋划全局与长远，以战略思维走特色发展之路

首先，战略规划不同于工作计划，主要涉及大学的发展方向与指导思想，其制定必须要抓住重点，谋划全局与长远，要有战略思维，关注整体性问题，确定核心问题。② 在制定过程中，应把握世界科技教育的发展趋势；应与区域经济社会发展战略需求对接；应深刻认识高等教育自身的内在发展规律。③ 尤其需要注意的是，大学应注重对自身使命与愿景等深层次问题的思考。通过对使命和愿景的陈述，大学能够明确自身的核心价值与战略定位，凝练自身办学特色与文化品位，进而引导制度建设。④

其次，城市综合大学规划制定应因校、因地制宜，走特色发展之路。当前，我国高校普遍缺乏对自身的准确定位，陷入无序竞争、盲目攀高的怪圈，一味追求专升本、研究生教育、博士学位授

---

① 赵文华. 我国高等学校发展战略规划的价值、挑战与策略[J]. 高等教育研究，2006(3).

② 别敦荣. 论大学发展战略规划[J]. 国内高等教育教学研究动态，2011(23).

③ 林勇，陈德敏，肖俊夫. 新时期我国大学发展战略规划制定的认识与实践[J]. 国家教育行政学院学报，2011 (9).

④ 赵文华，周巧玲. 大学战略规划中使命与愿景的内涵与价值[J]. 教育发展研究，2006(13).

予权等，导致发展优势与特点不再，教育资源被极大浪费。① 反观美国大学，它们则是百花齐放，立足于自身特色，采取不同的措施将战略规划与院校认证、校内自评等质量保障措施相结合，自主选择最合适的发展道路，取得了良好效果。② 对于城市综合大学而言，因其区域性属性，其规划制定更应因校、因地制宜，坚持走特色发展之路，如此才能在竞争中掌握主动权。具体而言，城市综合大学应根据自身发展阶段特征及所处区域经济社会发展实际，提高规划编制水平，制定出符合自身特点的战略规划。③ 唯有如此，所制定的规划才具有足够的科学性与权威性。

(二)充分运用辩证法，以科学方法制定值得信任的规划

清华大学的蓝劲松等人在总结西方一流大学建设经验的基础上提出，我国大学规划制定应从对立统一的视角出发，处理好一系列辩证关系，包括：人才培养与科学研究的关系；全面发展与重点突破的关系；物质投入与精神建设的关系；本科教学与研究生教育的关系；调动普通教师与培养骨干人才的关系；“他山之石”与本校特色的关系；学生主体作用与导师主导作用的关系；扩大规模与提高质量的关系。④ 虽然他们的研究对象是研究型大学，但所得成果对城市综合大学同样具有启示意义。从前文所述的特有属性出发，我们认为，城市综合大学规划的制定在指导思想上同样需要充分运用辩证法，即：加大投入的同时应注重机制完善，加强精神建设；调动全体教师积极性的同时应重视骨干人才的培养与应用；学习先进经验的同时不忘建设自身特色与优势；追求规模的同时不忘提高

---

① 胡保利，王硕旺. 乔治 · 凯勒的大学战略规划理论评介[J]. 河北师范大学学报(教育科学版)，2007(4).

② 黄艳霞. 美国大学战略规划评估的路径选择[J]. 高等教育研究，2010(7).

③ 毛晓翔，陈亚玲，韦志辉，等. 大学学科建设规划的 SWOT 评价模型分析与战略选择[J]. 高教探索，2013 (6).

④ 蓝劲松，陶礼军. 论研究型大学战略规划的辩证法[J]. 清华大学教育研究，2001，22(4).

教育质量的重要性。

此外，一所大学的规划是否有效，还取决于人们是否认为规划制定过程值得信任。换句话说，城市综合大学在制定规划时应采用科学的方法，遵循一定的规范或标准，并将其公之于众。这些规范与标准至少应包含以下几个方面：(1)该项目/活动的质量；(2)该项目/活动与大学核心使命间联系的紧密程度，即向心性；(3)该项目/活动是否反映了社会、其他项目/活动或学生的需求；(4)该项目/活动的效率；(5)该项目/活动的独特性，即比较优势。① 当然，大学规划的制定涉及战略管理、统计学、运筹学等各个方面，远非公布编制标准这么简单。总而言之，城市综合大学规划制定应充分运用辩证法，以科学方法编制值得信任的规划。

第二节　城市综合大学"十二五"规划文本分析

我国现有如下15所副省级城市综合大学：长春大学、成都学院、大连大学、广州大学、哈尔滨学院、杭州师范大学、济南大学、金陵科技学院、江汉大学、宁波大学、青岛大学、深圳大学、沈阳大学、西安文理学院和厦门理工学院。总体来说，2006—2010年(即"十一五"时期)是我国高等教育事业快速健康发展的五年，上述城市综合大学"十一五"期间在教育教学、科学研究和社会服务等方面的发展都卓有成效，为"十二五"全面、健康、可持续发展夯实了基础。②

本书试图以我国15所副省级城市综合大学的"十一五"总结数据作为基线水平，以它们的"十二五"规划文本为对象进行比较和分析，检验当前我国城市综合大学规划制定是否达到了前文所述规划制定的要求，进而验证规划制定的重要作用。所谓规划文本，一

① 张艳敏，俞海侠. 高质量大学战略规划的主要特征探析[J]. 教育科学，2010 (4).

② 桑建平，肖引. 城市大学蓝皮书 十五副省级城市综合大学发展报告2013[M]. 湖北人民出版社，2014：10.

般包括态势分析、战略指导思想、战略目标、发展要素及战略措施等五个部分。① 其中，态势分析是规划制定的基础，它决定了其他四个方面正确与否；战略目标是实质和核心，它为高校的发展指明方向，提出任务；发展要素是主体，它以战略指导思想和目标为依据，指导战略措施的制定。篇幅所限，现仅就相关内容展开分析。

一、态势分析

知己知彼，百战不殆。各城市综合大学只有做到“知己知彼”，清醒地分析自身现有基础和估计所面临的机遇与挑战，才有可能取得成效与发展；否则，所谓的战略规划实与纸上谈兵无异。

(一)现有基础

在城市综合大学的战略规划文本中，对现有基础的分析中最核心的部分为软、硬件资源，软件资源一般包括人力资源(教职工规模及其水平、在校生规模及其来源)、学科建设、科研成果等；硬件资源主要包括校舍建设、仪器设备及藏书量等。② 在提出战略目标、确定战略措施之前对自身现有基础进行客观、全面的分析，是高校规划制定起到前文所述重要作用的前提条件之一。

在软件资源方面，15 所副省级城市综合大学的“十二五”规划文本中，除厦门理工学院外，均对各自的现有软件资源基础进行了分析。如表 4-1 所示，教职工规模和水平、硕博士学位点、重点建设学科情况、科研课题与立项及获奖情况尤为受到重视。这些指标是评价一所高校发展水平的硬指标，各高校均十分关注。此外，还有一些高校开始关注在校生规模、毕业生就业、国际交流、学科涵盖门类等指标的建设情况，这说明部分城市综合大学已经意识到需要谋划全局与长远，积极应对外部竞争。

---

① 刘勇兵，金玲. 关于高校战略规划文本的比较与分析——以部分新建地方综合性大学为例[J]. 现代教育管理，2009 (1).

② 刘勇兵，金玲. 关于高校战略规划文本的比较与分析——以部分新建地方综合性大学为例[J]. 现代教育管理，2009 (1).

表 4-1　现有软件资源基础分析情况

学校	教职工规模和水平	在校生规模	毕业生就业	国际交流	学科涵盖门类	硕博士学位点	重点建设学科情况	学术论文与著作	科研课题与立项	获奖
长春大学	◆	◆	○	◆	◆	◆	◆	◆	◆	◆
成都学院	◆	◆	○	◆	◆	◆	◆	○	◆	◆
大连大学	◆	○	◆	○	○	◆	◆	◆	◆	◆
广州大学	◆	◆	◆	◆	◆	◆	◆	○	◆	◆
哈尔滨学院	◆	◆	◆	○	◆	○	◆	◆	◆	◆
杭州师范大学	◆	◆	◆	○	○	◆	◆	◆	◆	◆
济南大学	◆	○	○	○	◆	◆	◆	◆	◆	◆
金陵科技学院	○	○	○	○	○	◆	○	○	○	○
江汉大学	◆	◆	◆	◆	◆	◆	◆	◆	◆	◆
宁波大学	◆	○	○	○	○	◆	○	○	◆	◆
青岛大学	◆	◆	◆	◆	◆	◆	◆	◆	◆	◆
深圳大学	◆	◆	◆	◆	◆	◆	◆	◆	◆	◆
沈阳大学	◆	◆	○	○	◆	◆	◆	○	◆	◆
西安文理学院	◆	◆	◆	◆	◆	◆	○	○	◆	◆
厦门理工学院	○	○	○	○	○	○	○	○	○	○

注：◆表示高校在“十二五”规划文本中对该部分现有基础进行了分析；○表示没有进行分析，后文亦同。

在硬件资源方面，15 所副省级城市综合大学的“十二五”规划文本中，除宁波大学和厦门理工学院外，均对各自的现有硬件资源基础进行了分析。如表 4-2 所示，最为受到重视的是实验室建设，可能与其同科研关联较大有关；校舍建设也为大多数高校所重视，近 66.7%的城市综合大学在其“十二五”规划文本中对校舍建设现状进行了分析；相比较而言，藏书量的受关注程度不够，部分高校忽视了该部分的建设，同时也从侧面说明了图书馆所担负的社会服务职能没有得到部分高校的足够重视。

表 4-2　现有硬件资源基础分析情况

学校	校舍建设	实验室建设	藏书量
长春大学	◆	◆	◆
成都学院	◆	◆	◆
大连大学	○	◆	○
广州大学	○	◆	○
哈尔滨学院	◆	◆	○
杭州师范大学	○	◆	○
济南大学	◆	◆	◆
金陵科技学院	◆	◆	○
江汉大学	◆	◆	◆
宁波大学	○	○	○
青岛大学	◆	◆	◆
深圳大学	◆	◆	◆
沈阳大学	◆	◆	◆
西安文理学院	◆	◆	○
厦门理工学院	○	○	○

注：同表 4-1。

（二）机遇与挑战

所谓地方综合性大学所面临的机遇，主要指外部环境机遇，如高等教育深化改革的机遇、地方区域经济发展的机遇等；同时，大学发展又必然面临诸多挑战，如师资队伍质量有待提高、重点学科建设寻找突破等。① 一所高校对当前所面临的机遇与挑战有没有清

① 刘勇兵，金玲. 关于高校战略规划文本的比较与分析——以部分新建地方综合性大学为例[J]. 现代教育管理，2009（1）.

晰的认识将直接影响到制定的战略规划能否帮助其适应外部环境，应对市场竞争，实现可持续甚至是跨越式的发展。

如表4-3所示，我们对15所副省级城市综合大学的“十二五”规划文本进行了统计，发现：绝大多数学校对自身发展所面临的机遇与挑战进行了客观而全面的分析。所面临的机遇大致相同，均包含高等教育深化改革与地方区域经济发展两个方面；面临的挑战则不尽相同，如长春大学认为办学经费不足影响了自身发展、成都学院认为急需统一办学理念、大连大学还对激烈的生源竞争提出了担忧等。

表4-3　面临的机遇与挑战分析情况

学校	面临的机遇	面临的挑战
长春大学	◆	◆
成都学院	◆	◆
大连大学	◆	◆
广州大学	◆	◆
哈尔滨学院	○	○
杭州师范大学	◆	○
济南大学	◆	◆
金陵科技学院	◆	○
江汉大学	◆	◆
宁波大学	◆	◆
青岛大学	◆	◆
深圳大学	◆	◆
沈阳大学	◆	◆
西安文理学院	◆	◆
厦门理工学院	○	○

注：同表4-1。

综上，各城市综合大学均对自身现有基础及面临的机遇与挑战进行了深度的剖析，为它们制定的战略规划起到应有作用提供了保证。在此基础上制定出来的战略规划，才有可能帮助高校准确定位自身，形成合力，适应市场竞争，实现大发展。

二、“十二五”发展指导思想、战略目标与发展要素

(一)“十二五”发展的指导思想和奋斗目标①

目前，我国副省级城市综合大学均对自身的发展指导思想，战略目标等提出了规划，并制订了可行的计划，如表4-4所示：

表4-4　副省级城市综合大学“十二五”发展的指导思想和奋斗目标

学校	指导思想	奋斗目标
广州大学	以邓小平理论和“三个代表”重要思想为指导，深入贯彻落实科学发展观，全面贯彻教育方针，遵循教育规律，认真落实中央、省、市关于推动高等教育发展的工作部署，以建设“国内一流、世界知名高等学府”为总目标，紧抓国家发展模式转变的有利时机，充分利用区域、人文等办学环境优势，坚持“教学立校、科研兴校、人才强校、服务荣校”的办学理念，以育人为本，以经济社会发展需求为导向，打造学科专业高地，完善人才培养模式，凝练办学特色，提高办学质量和水平，继续发挥好作为广州市高等教育龙头的作用，为打造我国南方教育高地，为广州建设国家中心城市和世界文化名城，作出更大的贡献	到2015年，人才培养质量明显提高，为社会培养大批高素质创新性应用型人才；人才培养的科类和层次结构继续得到优化，研究生教育规模有较大增长；学科建设取得长足进步，博士学位点、重点学科、重点实验室等优质学科资源有较大增长；科研水平明显提升，社会服务能力和水平显著提高，应用基础研究和自主创新能力不断增强；基本建成教学研究型综合性大学

① 邵红，张丽萍. 城市大学蓝皮书 十五副省级城市综合大学发展报告2006—2010[M]. 湖北人民出版社，2011：33-38.（张丽萍收集资料，彭莉萍、董华容、张云霞整理）

续表

学校	指导思想	奋斗目标
沈阳大学	以科学发展观为统领，秉承“科学办学、民主办学、开放办学”理念，坚持正确办学方向，立足区域经济社会发展大局，以人才培养为核心，科学研究为基础，服务地方为方向，文化传承创新为引领，走强化内涵、突出特色的发展道路，努力提升整体办学质量和水平，到“十二五”末期，实现由教学型大学向教学研究型大学的转变，努力实现争创全国同类院校一流大学的奋斗目标	在“十二五”末期形成一批在国内和省内有一定影响的、特色鲜明的学科和专业，实现由教学型大学向教学研究型大学的转型，争创全国同类院校一流大学
长春大学	高举中国特色社会主义伟大旗帜，以邓小平理论和“三个代表”重要思想为指导，以科学发展观统领学校发展全局，坚持社会主义办学方向，全面落实党的教育方针，全面贯彻《国家中长期教育改革与发展规划纲要(2010—2020年)》和《吉林省中长期教育改革和发展规划纲要(2010—2020年)》，坚持学校的规模、结构、质量和效益协调发展；以人才培养为根本，全面提高育人质量，创新人才培养模式；以学科建设为龙头，凝练学科方向，构筑学科基地，打造学科队伍；为促进国家和吉林省经济社会发展提供强有力的智力支撑和人才支持	学校以本科教育为主体，加快发展研究所教育。鼓励发展继续教育，积极发展留学生教育。到2015年，学科建设取得突破性进展，获得硕士学位授予权，增加硕士学位授予点、国家级和省级科学研究平台、省级和校级重点学科，加强校企研发合作；专业建设全面提升一个台阶，部分专业形成优势，办出特色，力争在省内同类专业中居领先地位，在国内有一定影响；完善人才培养模式和课程体系建设，突出办学特色，加大应用型创新人才培养力度，加快发展特殊教育，加强教学管理，全面提高教学质量；加强基础研究、应用研究、学术交流和成果转化，形成一批特色鲜明、优势突出的科研成果；积极发展学历继续教育，大力发展非学历继续教育；加强国际合作与交流，积极推进中外合作办学；形成全员、全程、全方位学生思想政治教育工作格局；全面加强队伍建设，调整结构、提高层次、提升素质；形成能满足人才培养需要的各类基础设施；增加财务收入，实现收支平衡，减少债务，提高职工收入；落实各项保障措施，使学校综合实力得到明显增强

续表

学校	指导思想	奋斗目标
青岛大学	以邓小平理论和“三个代表”重要思想为指导，深入贯彻落实科学发展观，坚持以人为本、全面实施素质教育的战略主题，把握学校事业发展的阶段性特征，稳步实施育人立校、学术兴校、人才强校战略，拓展国际视野，服务地方需求，加强内涵建设，提高办学质量，深化机制改革，提升核心竞争力，努力把学校建设成为国内知名高水平综合大学	到2015年，人才培养、社会服务整体水平全面提升，教学研究型大学特征更加鲜明，跻身国内知名高水平综合大学行列
大连大学	全面贯彻党和国家的教育方针，坚持以科学发展观为指导，继续实施“质量立校、人才强校、文化兴校、依法治校”的办学方略。以学科建设为龙头，以提高教育质量和服务地方能力为重点，以人才队伍建设和大学文化建设为支撑，以特色建设和内涵发展为主体，以体制改革和机制创新为动力，凝练学科方向，转变发展模式，立足大连，服务辽宁，面向全国，培养“两能两会”的高素质应用型人才	到2015年，力争实现博士学位授权单位的突破，初步建成规模适度、质量优异、结构合理、特色明显、优势突出，部分学科居于省内领先地位、综合实力处于国内地方高校一流水平的教学研究型地方大学
深圳大学	以科学发展观为指导，以改革创新为动力，以人才培养为根本，以教学科研为中心，以学科建设为杠杆，以内涵建设和质量提升为重点，聚合优秀师资，拓展国际合作，积极服务社会，探索现代大学制度和高等教育跨越式发展新路径，实现“高校之林，后来居上”的夙愿	调动全校师生员工和社会各界的积极性，同心同德，励精图治，在5~10年内，把深圳大学建设成为一所立足深圳、面向国际、特色鲜明、影响显著的创新创业型高水平大学，为迈进一流大学行列奠定坚实的基础

续表

学校	指导思想	奋斗目标
杭州师范大学	以邓小平理论和“三个代表”重要思想为指导，深入贯彻落实科学发展观，遵循高等教育规律，坚定不移创一流，坚韧不拔走新路，根据杭州师范大学第一次党代会精神，坚持“以质量树品牌、以转型促发展、以特色创优势、以服务求支持”的办学思路，着力深化改革开放，着力调整办学结构，着力扩大优质规模，着力提升教育质量，着力建设一流条件，着力提高办学效益，全面提升学校的综合实力和社会影响力，努力建成省内一流综合性大学，为建设国内一流综合性大学奠定坚实基础	建成省内一流综合性大学，为建设国内一流综合性大学奠定坚实基础
江汉大学	坚持以邓小平理论和“三个代表”重要思想为指导，深入贯彻落实科学发展观，遵循高等教育发展和人才成长规律，贯彻“育人为本、提高质量、改革创新、多元开放、彰显特色、服务地方”的工作方针，积极融入“武汉实施国家发展战略”，突出创新驱动，着力提升教育质量和服务能力，紧紧围绕地方经济建设和社会发展需要，推进学校全面协调可持续发展，为地方发展在人才培养、科学研究、社会服务等方面作出更大贡献	学校力争在以下6个方面取得突破：(1)加强研究生培养质量建设，积极创造条件，在申报博士学位授予权单位方面取得突破；(2)提高科研核心竞争力，力争实现省级科研成果一等奖和国家级奖励零的突破；(3)强化应用型人才培养，力争实现省级教学成果一等奖和国家级奖励零的突破；(4)扩大对外开放，实现中外合作办学项目和外国留学生学历教育零的突破；(5)着力提升师资队伍整体水平，力争在引进高端人才上取得新的突破；(6)加强校园文化和精神文明建设，力争在全国文明单位的创建上取得突破

续表

学校	指导思想	奋斗目标
西安文理学院	以邓小平理论和"三个代表"重要思想为指导，深入贯彻落实科学发展观，全面贯彻党的教育方针，落实全国教育工作会议和《国家中长期教育改革和发展规划纲要（2010—2020 年）》精神，坚持以人为本，遵循教育规律，与西安经济社会发展紧密结合，努力培养高素质应用型人才	坚持"文化立校、质量兴校、特色名校、人才强校"四大发展战略，改革创新，加快发展，提高办学质量，培育办学特色，致力于培养基础厚、能力强、素质高的应用型人才。增强科学研究、社会发展和文化传承创新能力，把学院建设成为地方性、应用型的国际化新型本科院校
哈尔滨学院	以邓小平理论和"三个代表"重要思想为指导，深入贯彻落实科学发展观，坚持社会主义办学方向，全面贯彻党的教育方针，育人为本，德育为先，遵循教育规律，培养德智体美全面发展的社会主义事业的建设者和接班人。秉承"规模适度、结构合理、质量优异、效益显著"的办学思路，解放思想，深化改革，整合资源，加速完善办学条件，全面提升办学质量，切实增强服务地方经济社会发展的能力，努力建设具有鲜明特色、人民满意的地方性大学	努力将学校建设成为省内有优势、国内有影响、特色鲜明、人民满意的地方性学院

续表

学校	指导思想	奋斗目标
成都学院	以邓小平理论和“三个代表”重要思想为指导，贯彻落实科学发展观，结合我国高等教育未来发展的趋势以及四川省、成都市新一轮发展的要求，抓住国家加大对中西部地区高等教育支持的有利机遇，按照城市型综合大学的办学定位，以培养高素质应用型人才和服务地方经济社会发展为己任，按照成都市委、市政府对学校提出的“三最”办学要求和“顶天立地”的办学思路，遵循“注重内涵发展、彰显办学特色、实施学科强校，推进人才兴校”的原则，实现“十二五”期间的跨越式发展	建设成为一个应用型人才培养特色明显，科学研究和技术研发水平较高，服务地方能力较强，在国内有一定影响、主要办学指标位居全省地方院校前列，具有鲜明的应用性办学特色的城市综合大学
金陵科技学院	以邓小平理论和“三个代表”重要思想为指导，贯彻落实科学发展观，密切结合国家和省市教育、人才、科技等中长期发展规划纲要的实施，紧紧围绕南京市区域经济社会发展对人才和科技的需求，抢抓战略机遇，加快平台建设，深化教学改革	坚持地方性、应用型的办学定位，锁定“南京”、“特色”、“提升”三个关键词，大力实施“南京战略、科技战略、资源战略、质量战略”四大发展战略，力争在2020年前后把学校打造成特色鲜明的多科性、地方性、应用型科技大学，进入全国应用型本科院校先进行列

续表

学校	指导思想	奋斗目标
厦门理工学院	以邓小平理论和“三个代表”重要思想为指导，贯彻落实科学发展观，坚持党的教育方针和社会主义办学方向，培养德智体美全面发展的社会主义事业建设者和接班人；坚持以人才培养为中心、学科建设为龙头、队伍建设为重点，全面提高人才培养质量和教育科研水平，主动融入和服务海西建设；坚持“深化内涵、拓展外延、质量至上、以人为本”的发展思路；坚持“开放为生、改革则活、创新则强、兼容则和”的治校理念，努力提高办学水平和办学效益	建设成为特色、精致、具有较强竞争力的开放式、应用型、地方性、国际化的海西一流亲产业大学
宁波大学	深入学习实践科学发展观，认真贯彻“优先发展、育人为本、改革创新、促进公平、提高质量”的教育工作方针，围绕学校第二次党代会提出的主要目标和任务，深化改革，锐意创新，深入实施教学、学科、人才“三大提升计划”，加快推进学校建设工程，增强学校的竞争能力和办学实力，为浙江和宁波经济社会又好又快发展提供强有力的人才保证、智力支持和科技支撑	紧紧抓住地方经济社会快速发展的机遇，秉承“实事求是、经世致用”的校训和“兼容并包、自强不息、务实创新、与时偕行”的宁大精神，全面提升学校国际化办学水平，加快建设有特色、高水平、海内外知名的教学研究型大学，向着国内一流地方综合性大学的奋斗目标迈进

续表

学校	指导思想	奋斗目标
济南大学	高举社会主义伟大旗帜，以邓小平理论和“三个代表”重要思想为指导，深入贯彻落实科学发展观，全面贯彻党的教育方针，坚持“一二三四”中长期发展思路，以人才培养为根本，以学科建设为龙头，以科研工作为先导，以队伍建设为基础，以改革开放为动力，以党建和思想政治工作为保障，继续解放思想，持续改革创新，坚持内涵发展，全面加快综合性、开放式、国际化、有特色高水平大学的建设步伐	建成一所综合性、开放式、国际化、有特色的高水平大学

(二)“十二五”发展规划主要指标

战略目标是规划文本的实质，所描述的是规划所要解决的核心问题。高校战略目标设想并概括了高校在发展周期内的总体目标与阶段目标，是确定发展要素与战略措施的重要依据；发展要素则指那些对于实现战略目标具有关键性作用的方面、环节或部分，是大学资源配置的重点。① 两者类似于总目标和子目标的关系。现实中，也有高校在制定战略规划时将两者融合在一起进行阐述。因此，本文将两者合并进行分析。

前文指出，城市综合大学应根据自身发展阶段特征及所处区域经济社会发展实际，提高规划编制水平，制定出符合自身特点的战

① 刘勇兵，金玲. 关于高校战略规划文本的比较与分析——以部分新建地方综合性大学为例[J]. 现代教育管理，2009（1）.

表 4-5　副省级城市综合大学“十二五”发展规划战略指标①

学校	在校生总规模(人)				专任教师(人)		一级学科硕士学位授权学科（个）	一级学科博士学位授权学科（个）	本科专业总数（个）	本科生初次就业率（%）	年均承担国家级科研项目数（项）	年均科研经费（万元）
	总量	本科生	硕士研究生	博士研究生	总量	其中博士所占比例（%）						
广州大学	31500	23000	6500		2000(含专任科研人员)	50	30~35	8~10	70		60	20000
沈阳大学	25500	14000	2000		1300	40	20		50	95	30 以上	10000
长春大学	16320(含全日制本专科生、研究生、留学生)	16000（含专科生）	120			35	6~8		52			600~800
青岛大学	≤41000	≤34000	≥6000		2400		≤30	≤8	~20(专业学位类型)		~80	~20000

续表

学校	在校生总规模(人)				专任教师(人)		一级学科硕士学位授权学科（个）	一级学科博士学位授权学科（个）	本科专业总数（个）	本科生初次就业率（%）	年均承担国家级科研项目数（项）	年均科研经费（万元）
	总量	本科生	硕士研究生	博士研究生	总量	其中博士所占比例（%）						
大连大学	18000-20000	14400-16000	2400~3000	10	1313	45	23	2-3	60	93	45 以上	8000
深圳大学	35000	28000-30000	5000~6000		2200	70	35	6~8	70~80			
杭州师范大学	32000（含独立学院）	29000	3000		2300	70	23	≥1	65	省内前 5	100	16000
江汉大学	20800 左右(含全日制普通本专科生、研究生、留学生)		400~600		1200		新增 4~5		60		6	8000

续表

学校	在校生总规模(人)				专任教师(人)		一级学科硕士学位授权学科（个）	一级学科博士学位授权学科（个）	本科专业总数（个）	本科生初次就业率（%）	年均承担国家级科研项目数（项）	年均科研经费（万元）
	总量	本科生	硕士研究生	博士研究生	总量	其中博士所占比例（%）						
济南大学	34000	32000	2000		2000	45	25	4	74	90	奖励1~3	10000
西安文理学院	13000	12000			723	20	2~3		40~45		10	1250
哈尔滨学院	13320	12500	100		880	22.7			40			500
金陵科技学院		18000			1000	30	3		40	80	5	3000
厦门理工学院	24000	18000			1100	45			50		50	
成都学院	30000	26000	300		1300	25	10		50~55		10~14	6000
宁波大学	30000	25000	5000									

① 邵红，张丽萍.城市大学蓝皮书 十五副省级城市综合大学发展报告 2006—2010[M].湖北人民出版社，2011：39-40.（张丽萍收集资料，彭莉萍、董华容、张云霞整理）

略规划。① 换句话说，要在“知己知彼”的基础上，因地、因校制宜，既不好高骛远，又不故步自封地制定规划。是否真正做到这点，从高校规划文本中的战略目标和发展要素便可见一斑。下文便选取在校生总规模、专任教师规模、本科专业总数、承担国家级科研项目数等既代表高校发展水平又便于量化的指标对各城市综合大学的“十二五”规划战略目标和发展要素进行分析，以检验它们的规划制定是否符合要求。

1. 在校生规模

在校生规模是一所高校办学规模与人才培养质量的最直接体现。从图 4-1 可以看出，在对现有基础的清醒认识基础上，我国 15 所副省级城市综合大学在各自的“十二五”规划中对在校生规模的发展都作出了符合实际的展望。

如前文所述，当前我国城市综合大学正面临着激烈的生源竞争，有的大学在分析所面临的挑战时已经有所警醒。因此，大多数城市综合大学的“十二五”规划文本中所制定的在校生规模增长比例并没有盲目追高。较之“十一五”收官时的规模，长春大学、哈尔滨学院、济南大学、江汉大学、宁波大学、青岛大学 6 所高校所制定的“十二五”在校生总人数增长率均没有超过 20%，最高为哈尔滨学院的 16.78%，其他均小于 10%。说明这些高校已经认识到：我国高等教育已从规模扩张、数量增长向内涵发展、质量提升转变，开始强调分类发展、特色发展。

同时，也有大学的规划中办学规模继续大幅度扩张，如广州大学和杭州师范大学的“十二五”规划在校生总人数增长率均超过了 40%。究其原因，其实质仍是追求内涵发展与质量提升。具体原因包括以下两点：首先，这两所学校都处于我国经济发展水平较高的一线城市，具备较前述高校更好的区域发展优势；其次，这两所学校的发展水平较高，办学规模的增长并不是简单的人数扩张，而是

① 毛晓翔，陈亚玲，韦志辉，等. 大学学科建设规划的 SWOT 评价模型分析与战略选择[J]. 高教探索，2013（6）.

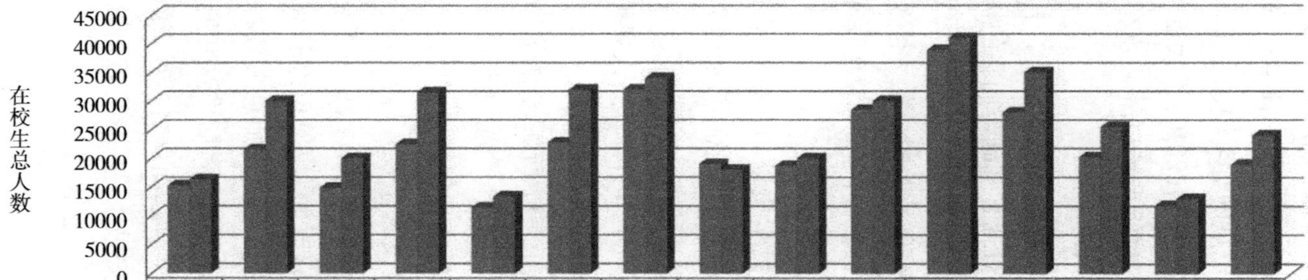

	长春大学	成都学院	大连大学	广州大学	哈尔滨学院	杭州师范大学	济南大学	金陵科技学院	江汉大学	宁波大学	青岛大学	深圳大学	沈阳大学	西安文理学院	破门理工学院
■“十一五”末	15245	21510	14832	22447	11413	22764	32000	19000	18655	28430	38920	28000	20208	11810	18950
■“十二五”规划	16320	30000	20000	31500	13328	32000	34000	18000	20000	30000	41000	35000	25500	13000	24000

图4-1　城市综合大学“十二五”规划在校生总人数对比情况

教育层次的跨越，如：广州大学规划在校本科生规模保持稳定在23000人左右，主要的在校生增长源于扩大研究生教育规模、提高研究生教育质量，硕、博士学位点的显著增加；杭州师范大学同样如此，目标(2015)研究生人数较现状(2010)扩大近100%，而本科生规模则仅增长37%。除上述两所高校以外，还有深圳大学、大连大学等也是如此，在此不予赘述。

总之，从各城市综合大学“十二五”规划文本中的在校生总人数对比情况看，各高校均是在对现有基础与面临的机遇、挑战进行了客观、清醒地分析后做出的科学规划。这符合规划制定的要求，如“处理好本科教学与研究生教育的关系”等，也体现了规划制定的“有助于学校重新定位、适应外部环境”等重要作用。

2. 专任教师规模

专任教师规模是一所高校教学质量和科研水平的保证。因此，几乎所有的地方综合大学都在分析现有软件资源时将专任教师规模作为重点内容加以重视，并在“面临的挑战”部分专门提及。努力优化人才队伍结构，扩大拔尖人才和学科带头人规模，培养高水平教学科研团队已成为所有城市综合大学的共识。

图4-2呈现了我们能搜集到的11所城市综合大学“十二五”规划专任教师总人数的对比情况。其中，杭州师范大学、深圳大学、广州大学、大连大学等7所学校的规划专任教师总人数增长率均高于40%，足见它们对于队伍建设的重视。增长率小于10%的3所学校是济南大学、沈阳大学和青岛大学，这是由于它们的专任教师规模基线水平(即“十一五”收官时的水平)已经较高，其中青岛大学和济南大学“十一五”收官时的专任教师总人数在所有城市综合大学中排名前两位。说明在“十一五”周期中这几所高校已经开始重视队伍建设，并取得一定成效。总而言之，对于队伍建设，各城市综合大学同样做到了“知己知彼”，重视队伍建设，并在各自现有基础上做出了科学的规划。

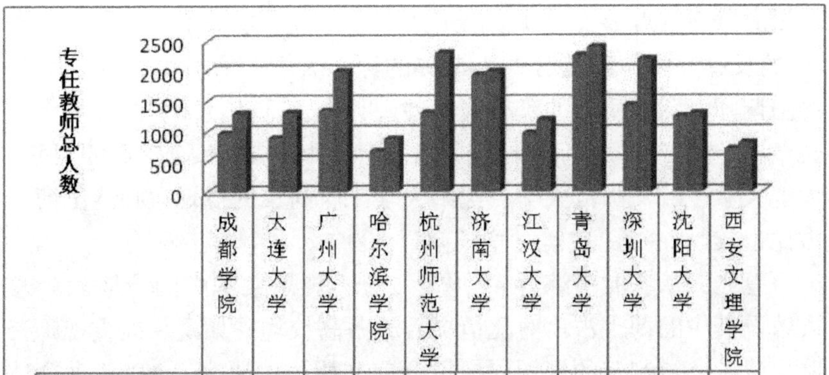

	成都学院	大连大学	广州大学	哈尔滨学院	杭州师范大学	济南大学	江汉大学	青岛大学	深圳大学	沈阳大学	西安文理学院
■"十一五"末	973	892	1344	682	1314	1940	975	2266	1440	1255	708
■"十二五"规划	1300	1313	2000	879	2300	2000	1200	2400	2200	1300	813

图 4-2 城市综合大学"十二五"规划专任教师总人数对比情况

此外，城市综合大学在追求教师队伍规模扩张的同时，也没有忽视质量的提升。图 4-3 呈现了我们能搜集到的 9 所城市综合大学

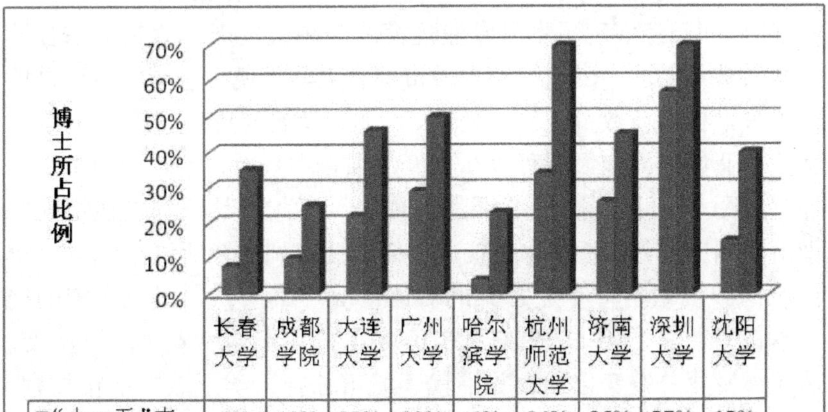

	长春大学	成都学院	大连大学	广州大学	哈尔滨学院	杭州师范大学	济南大学	深圳大学	沈阳大学
■"十一五"末	8%	10%	22%	29%	4%	34%	26%	57%	15%
■"十二五"规划	35%	25%	46%	50%	23%	70%	45%	70%	40%

图 4-3 城市综合大学"十二五"规划博士占专任教师比例对比情况

专任教师队伍中博士占比的对比情况。图中各高校对提升教师队伍质量的重视程度显而易见：无论是“十一五”收官时博士占比仅为8%的长春大学，还是已高达57%的深圳大学，所有城市综合大学均强调师资队伍质量的跨越式发展。其中，基础较薄弱的长春大学甚至在“十二五”规划中制定了教师队伍博士占比翻三番的目标；大连大学、杭州师范大学、沈阳大学三所高校的规划教师队伍博士占比也较“十一五”收官时增长超过100%。

总之，从各城市综合大学“十二五”规划文本中的专职教师总人数及其中的博士占比对比情况看，各高校均一如既往地重视师资队伍建设，所制定的规划同样符合前文所述的要求，如“调动全体教师积极性的同时应重视骨干人才的培养与应用”等。

3. 本科专业总数

城市综合大学的属性决定了它们以本科教育为主的基本定位。虽然诸如深圳大学等部分城市综合大学实现了办层次的跃升，提出了“高校之林，后来居上”的指导思想，但没有一所城市综合大学忽视强化本科教育基础地位的重要性。本科专业规模是一所大学综合性水平的体现，也是其实现高水平本科教育的保证。

当前，随着高等教育改革的深化，大部分城市综合大学在“十一五”期间已经实现了本科专业规模的跨越式发展，达到了综合性大学的基本要求。因此，对于城市综合大学来说，重要的不再是单纯扩张本科专业数量，而应处理好“全面发展与重点突破的关系”，调整专业设置，加大课程改革力度，强化本科教育的基础地位。

从图4-4可以看出，我国城市综合大学均已认识到上述情况并做出了相应规划。图4-4呈现了我们能搜集到的8所城市综合大学“十二五”规划本科专业总数的对比情况。其中，大部分高校的规划本科专业总数增长率维持在10%以下，济南大学则维持不变。然而，专业总数变化不大并不代表城市综合大学不重视本科教育。细读这些学校的规划文本便可发现，它们不约而同地将重心放在了优化本科专业设置上，如深圳大学提出“调整专业设置，加大课程改革力度”；江汉大学提出“调整学科专业结构，提升学科专业建设水平”；济南大学提出“强化建设优势学科，扶持新兴和交叉学科，注重基础学科，发展应用学科”，等等。

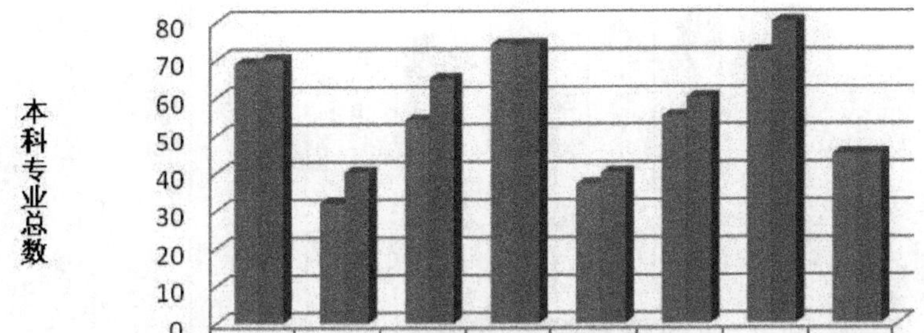

	长春大学	成都学院	大连大学	广州大学	哈尔滨学院	杭州师范大学	济南大学	金陵科技学院
■“十一五”末	69	32	54	74	37	55	72	45
■“十二五”规划	70	40	65	74	40	60	80	45

图 4-4　城市综合大学“十二五”规划本科专业总数对比情况

总之，从各城市综合大学“十二五”规划文本中的本科专业总数对比情况看，各高校均开始注重本科专业结构优化，走内涵发展之路。所制定的规划符合前文所述的要求。

4. 承担国家级科研项目数

科学研究是高校的核心竞争力、影响力和社会服务力的主要来源。虽然城市综合大学定位并非研究型大学，但“实现教学型大学向教学研究型大学的跨越”已经成为了一些发展较快的城市综合大学的新目标。如广州大学提出“至2015年，基本建成教学研究型大学”；沈阳大学提出“实现由教学型大学向教学研究型大学的转型”；大连大学提出“初步建成处于国内地方高校一流水平的教学研究型地方大学”，等等。即便还有一些地方综合性大学走的是“应用型大学”之路，当前科研发展水平有限，仍将科研工作放在了更加突出的位置予以重视。

承担国家级科研项目数是高校科研实力的核心，图 4-5 呈现了我们能搜集到的 8 所城市综合大学“十二五”规划承担国家级科研

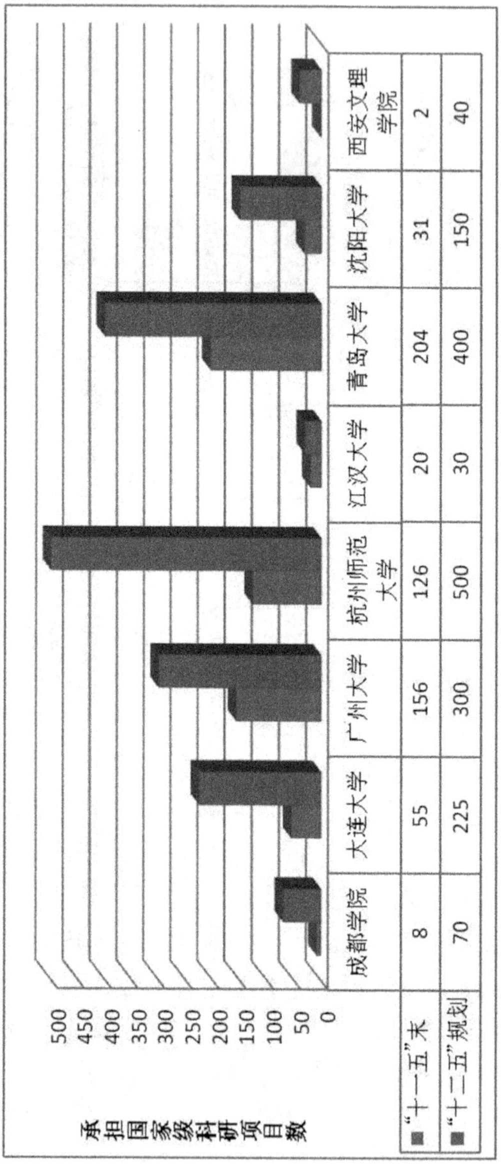

图4-5 城市综合大学"十二五"规划承担国家级科研项目数对比情况

项目数的对比情况。从图 4-5 可以看出：首先，城市综合大学科研实力发展并不均衡，这可能与区域经济发展、历史传承等因素有关，如青岛大学、广州大学、杭州师范大学等高校在“十一五”收官时承担国家级科研项目数便已达三位数，而成都学院和西安文理学院却还未突破两位数；其次，所有地方综合性高校都十分重视科学研究，在准确定位、努力建设师资队伍的基础上，均试图实现科学研究实力的跨越式发展，所规划的承担国家级科研项目数增长率均呈几何级数增长，最高的成都学院规划增长率高达 775%，最低的青岛大学规划增长率也达到了 100%。这说明无论选择向“教学研究型大学”还是“应用型大学”方向发展，城市综合大学均十分重视科研实力的发展，且没有盲目攀高，做到了因地、因校制宜，根据自身实际制定了科学的规划。

综上所述，我们从 15 所副省级城市综合大学的“十二五”规划文本中选取了在校生总人数、专任教师总人数及博士占比、本科专业总数和承担国家级科研项目数等 4 个指标，搜集数据，分别从办学规模、师资队伍建设、学科建设和科学研究四个方面进行了文本分析。一方面验证了规划制定在地方综合性大学发展过程中的重要作用，另一方面也从多方面检验了其“十二五”发展规划文本的科学性，符合本书所提出的相关要求。

第五章　强化发展规划的科学有效性研究

——以江汉大学“十一五”、“十二五”规划编制为例

江汉大学是2001年10月经教育部批准，由原江汉大学、华中理工大学汉口分校、武汉教育学院、武汉市职工医学院合并组建的一所综合性普通高等学校。学校自合并组建以来，坚持以科学发展观指导办学实践，按照先进的办学理念不断深化改革，以编制大学规划引领学校跨越式发展，全面推动教学科研工作创新实现。合并组建以来，学校改革发展取得了显著成绩，得到了上级领导的充分肯定，在社会产生了较大影响。吴官正、李岚清、俞正声、彭珮云、陈至立、宋健、胡启立、王忠禹、张怀西、张梅颖等10多位党和国家领导人先后亲临学校视察，30多位中央部、委的领导，50多位省、直辖市、自治区和特大中心城市主管教育、城建的领导，300多所国内外高等学校的负责人先后来校访问、参观、考察；《人民日报》、《光明日报》、《中国教育报》、《科技日报》、《瞭望》、中央电视台等数十家媒体多次报道了学校教育教学改革发展情况。学校成功实现了由分散办学向集中办学的转变，被社会和媒体誉为“江大模式”、“江大速度”，教育部专家组评价为“应载入新的高等教育发展史册”。著名教育家潘懋元教授参观新校后致信学校李进才校长：“对江汉大学的定位明确与擘划宏图，十分赞赏；尤其是新校区基建的规模速度，叹为观止。”

第一节 关于坚持科学发展理念进行学校“顶层设计”

合并组建之初的2002年，江汉大学以迎接教育部本科教学工作水平评估为契机，发动全校教师、干部编制了学校“十五”计划及中长期发展规划和校园建设规划，为早日实现“规模适度、结构合理、特色鲜明，在国内有影响的高水平地方综合性大学”的目标，根据党的十六大提出全面建设小康社会的奋斗目标，在国家“科教兴国”和武汉市“科教立市”战略的指引下，对接省市城乡经济社会发展相关规划，结合学校实际情况，江汉大学初步制定了创建地方一流大学“分三步走”的总体发展规划，经过之后近20年的奋斗，将学校建设成为以本科教育为主，积极发展研究生教育、适当发展高职(专科)教育，学科门类齐全，规模适度，特色鲜明，若干新兴学科、交叉学科和边缘学科取得长足发展，部分学科国内先进，整体水平达到国内同类院校前列的一流地方综合性大学。学校进一步动员和团结全校师生员工，扎扎实实抓好学科专业建设、创新人才培养、科技创新服务地方、高水平师资队伍、体制机制创新和精神文明建设，继续坚定不移、充满信心地向着地方一流大学的目标迈进。列出了江汉大学创建地方一流大学的时间表。

第一阶段(2003—2005，调整发展期)。以人才培养为中心，以改革创新为动力，以队伍建设和学科建设为龙头，以提高教育教学质量为重点，以社会需求为导向，以结构调整为主线，以提高办学水平和增强综合实力为目标，在实现实质性整合的基础上进一步实现深度融合，建立和完善各项规章制度，初步形成科学高效的教学及管理运行机制，各项改革顺利推进并初见成效，顺利通过教育部对学校本科教学工作水平评估。

第二阶段(2006—2010，跨越发展期)。全面大幅度提升综合办学实力和办学水平，使办学规模不断扩大，结构进一步优化，学科建设和硕士点建设取得重大突破，人才培养质量明显提高，办学条件明显改善，服务武汉市经济和社会发展的功能进一步增强，提升对武汉市实现小康社会的智力和人才支持水平。

第三阶段(2011—2020，稳健发展期)。一流地方综合性大学的建设目标初步实现，学校各项事业稳步、健康、持续发展，综合办学实力显著增强，使学校成为武汉市高层次人才培养基地、高水平科研基地及科技成果产业化的重要基地，成为武汉地方经济和社会发展的智力库和高水平的决策咨询机构。

坚持科学发展观，其根本着眼点是要用新的发展思路实现更快更好地发展。① 在高等教育大众化的今天，高等学校的工作都是为了推动学校更好更快地发展，以培养更多更好的面向经济建设主战场、具有创新精神和实践能力的高素质人才，因而发展对于高等学校来说是一个永恒主题。科学发展是运用科学的理论、系统的方法、求实的态度指导学校发展规划的制定和实施，它涉及学校方方面面，是一个多层面、多视角的概念，但就整体而言，坚持科学发展，学校首先需要看其办学指导思想、学校定位、发展规划等"顶层设计"是否符合科学发展的要求。在这方面，江汉大学抓了以下工作：②

一是抓先进教育思想观念。探究从牛津、剑桥到哈佛、斯坦福、加州伯克利分校等世界著名大学的成功之道，其关键时刻办学思想观念的创新决定着这些学校具有重大意义的跨越式发展。"办学思想、宏观的战略，从来都是决定性的，决定着前进的方向，决定着学校的发展。"③只有以先进教育思想观念指导办学，学校这一航船才能朝着正确的航向前进。江汉大学在以评估促进学校建设发展中，先后两次召开教学工作会议，开展教育思想大讨论，在一系列重要教育思想观念上达成共识：坚持树立学校一切工作都要以人

---

① 温家宝. 牢固树立和认真落实科学发展观[EB/OL]. 2004-02-29, http://www.sina.com.cn 2016-07-18.

② 张丽萍，邓传德，李进才. 本科教学工作评估的实践研究[J]. 辽宁教育研究，2005(9).

③ 周济. 谋划发展　规划未来[J]. 中国高等教育，2003(2).

为本的观念，学校的根本目的是育人，培养“有理想、有道德、有文化、有纪律”的一代新人，让师生员工、学生家长、用人单位乃至全社会都享受高等教育发展带来的成果，是党和人民赋予高等学校光荣而神圣的历史使命，也是高等学校的最高价值取向；坚持树立科学的人才观，即树立成才与成人教育完美统一的人才观，“把既‘成人’又‘成才’作为高等学校人才培养的基本标准”①。努力做到一切为了学生的发展，一切为了学生的成人成才；坚持树立科学的质量观，即把教学质量视为学校的生命线，认为在新的历史条件下的教学质量，是知识、能力、素质的统一，大众化进程中的教学质量，有着与精英教育阶段不同的标准和要求；坚持科学的办学特色观，学校应敢于打破“千校一面、千人一面”的陈腐观念，努力办出特色，着力培养学生的个性。

二是抓学校的科学定位。科学定位是决定发展的大事，不仅关系到学校的教育质量、结构和效益，而且也是关系到学校如何促进区域经济和社会发展的重大问题。科学发展观的提出既为高等教育改革提供了新的机遇，需要我们在科学发展观指导下进一步深化改革，同时又对高等学校改革发展建立了新的参照系，提出了新的评价标准，需要我们用新的眼光和视角来审视学校过去的定位。在迎评促建期间，学校通过开展学校定位大讨论，认真分析了当前高等教育领域存在的某些单纯追求“教育 GDP”现象、不顾办学条件盲目拔高或任意压低办学层次等违背教育规律的现象，并撰写《略论中心城市本科高校的科学定位与分类指导》论文参加学术讨论，同时也更加明确了学校自身的条件与环境，加深对这一问题的认识和理解，把学校原定位某些不妥之处作了必要的调整。

三是抓学校的科学发展规划。制定学校发展规划首先需要正确分析和把握时代背景、社会环境和高等教育的发展趋势。学校瞄准当今科技发展前沿，紧贴地方经济和社会发展脉络，努力遵循教育发展规律，同时注意借鉴国内外高校经验，召开专门的论证会，认

① 周济. 大力加强教学工作 切实提高教学质量——在第二次全国普通高等学校本科教学工作会议上的讲话[J]. 中国高教研究，2005(1).

真听取省内外高水平专家的意见，又对学校原制定的“十五”及中长期发展规划以及学校学科建设与发展规划、师资队伍建设规划、校园建设规划、校园网建设规划四个子规划进行了扩充和修订，使之更加科学合理，更具前瞻性、先进性和可操作性。通过对学科专业发展方向进行凝聚和锤炼，使学科专业结构更加优化，定位更加准确，重点更加突出，在服务地方经济和社会发展方面特色更加鲜明。

第二节　关于江汉大学“十一五”、“十二五”规划编制

江汉大学“十一五”、“十二五”发展规划是未来五年乃至更长时期学校教育教学各项事业发展具有全局的、总体的、长期的部署和谋划。在江汉大学制定“十一五”、“十二五”规划时该校合并组建已分别达到5年和10年，“十三五”期间，我国高等教育将进入深化改革和加速发展的新时期，在这样的背景下，学校发展成什么规模，达到什么层次，凝练怎样的办学特色，提升到怎样的办学水平，关键取决于学校的科学谋划。江汉大学党委、行政高度重视这项工作，主要领导在不同场合多次指出：学校发展规划一定要高起点起步，创新式发展，各项事业要走出一条超常规、快速发展的新路。同时要求要用创新精神和扎实作风做好规划编制工作。

一、思想到位：凝聚师生员工共同愿景

（一）明确学校办学科学定位

这是江汉大学关注度最高、讨论最热烈的内容，也表明大家对学校发展的期待。要做好规划工作，首先思考清楚江汉大学现在哪里？将要到哪里去？怎样到达理想目标？围绕《江汉大学“十二五”发展纲要》核心内容的讨论，使全校上下对该校办学定位有了新的认识，也逐渐形成了共识，最后经过党委会原则通过，确定了江汉大学发展的科学定位。

1. 总体目标定位

从地方经济、社会、文化等发展需要以及江汉大学发展现状与趋势出发，确定学校的应用性发展方向，将早日建成与武汉经济社会发展地位和水平相适应、在国内有影响有特色的高水平地方综合性大学作为奋斗目标。

2. 学校类型定位

按照以培养应用型人才为主的高校类型，提出“教学与科研相结合的应用型大学”目标定位，突出地方本科院校人才培养的主体和特点，突出以应用性为特色的教育教学，“教学与科研相结合”则进一步摆正学校教学与科研的恰当位置，从而促进二者相互推动，协同发展。

3. 办学层次与形式定位

落实学校“收缩战线、稳中求进、内涵发展、优化结构、提高质量”总体思路，在选择多个层次和形式的办学中，确定占主导地位的办学层次，对本科教育、研究生教育、高等职业教育办学层次结构以及继续教育办学形式作出合理的调整。

4. 人才培养目标定位

“培养具有创新精神和实践能力的高素质应用型人才”，具有“创新精神和实践能力”是国家对高等教育培养人才的共同要求，“高素质应用型人才”强调的是相对于高精尖理论型、学术型人才而言，江汉大学培养的是有较强理论基础的实践型人才。

5. 学科专业发展定位

“建立文理渗透、理工结合、注重应用、服务地方的学科专业体系”，体现该校学科综合的特点，提出学科发展的应用性、地方性的要求；“重点发展现有优势特色学科专业，积极发展面向该市城市圈支柱产业和领域的应用性学科专业”，一方面保持现有学科专业优势，另一方面对新的学科生长点给予导向。

6. 服务面向定位

主动适应社会与市场需求，立足所在城市，面向省内外，适应时代要求的调整，这也是江汉大学在人才培养、科学研究和为社会服务等方面着力的方向。

(二)“顶层设计”达成共识

学校战略是一项系统过程，为更好地服务地方经济社会发展，要处理好总规划和专项规划的关系，学校发展规划要尽可能地纳入所在城市的规划，与国家、地方经济社会发展规划相统一。其起草依据：

(1)《国家中长期教育改革和发展规划纲要(2010—2020年)》；

(2)国家、省市发改委，市委、市政府主要领导，省教育厅有关做好“十一五”、“十二五”规划编制工作的重要文件、重要讲话等；

(3)《武汉市“十一五”、“十二五”规划基本思路》；

(4)武汉市实施“中部崛起”、“两型社会”建设、东湖国家自主创新示范区等三大国家战略，武汉市城市圈发展和所在经济技术开发区的相关文件资料等。

(5)国际高等教育的发展，美国州立大学、英国城市大学的发展经验借鉴。如重视产学结合、产教融合，发挥其在城市科技创新中的作用，着力大学生创新创业能力培养，等等。

为了做好规划编制工作，江汉大学认真组织学习了国家、省、市国民经济和社会发展“十一五”、“十二五”规划，国家、省、市教育事业发展“十一五”、“十二五”规划等重要文件和各级领导关于规划工作的讲话精神，力求准确把握国家、省、市“十一五”、“十二五”经济、社会、教育发展的形势，深刻领会上级领导机关关于编制规划的要求。在此基础上认真总结了学校“十五”、“十一五”期间学校事业发展所取得的成绩，深刻分析学校的现状和发展中存在的问题，就学校的“顶层设计”初步达成共识。《江汉大学“十二五”发展规划纲要》、《“十二五”发展规划》(草案)形成后，江汉大学先后召开校规划编制领导小组会议，学院院长、书记座谈会和校内教授专家咨询会，专题研讨会，党委会进行专门研究讨论，之后又提交校教代会进行了审议。如“十二五”规划编制，经过自上而下、自下而上反复论证、讨论，收集整理了意见、建议20余条，内容涉及江汉大学“十二五”发展方式、办学规模、办学层次结构、重大项目建设、思想文化建设等方面，工作专班认真吸纳大家的意见，在综合学校各个层面意见基础上对规划《江汉大学“十二五”发展纲要》进行了10多次大的修改和完善。

二、组织到位：夯实规划发展战略基础

（一）加强领导　精心谋划

“十一五”时期，是我国全面建设小康社会的关键时期，国家将重点实施建设创新型国家、建设社会主义新农村、构建社会主义和谐社会等重大战略任务。湖北省将大力推进新型工业化，倾力打造“武汉城市圈”，实施“中部崛起”战略。武汉市也提出要努力成为“中部崛起”的重要战略支点和技术创新的中心点。在高等教育领域，随着国际化的推进，我国高等教育体制的变革与机制的创新将成为一种历史的必然。这一形势为江汉大学这样一所新建的大学“十一五”建设发展既提供了良好的机遇，也提出了更加严峻的挑战。只有抢抓机遇，科学谋划发展战略，加快学校建设的步伐，推动学校各项事业可持续发展，才能在未来的竞争中立于不败之地。江汉大学党委和行政十分重视“十一五”规划的编制工作，成立以书记、校长为组长，其他校领导为副组长，有关职能部门负责人为成员的“十一五”规划编制工作领导小组，抽调专业人员组成了规划编制办公室。规划领导小组建立后，及时研究了《江汉大学“十一五”规划编制工作方案》，确定了编制《江汉大学“十一五”发展规划》的指导思想、原则以及基本框架，并对规划编制工作进行了具体安排。学校战略规划是为了更好地适应未来社会环境的要求，必须从服务与城市经济社会发展全局的需求和关系上来思考，包括经济实力、经济结构、生产力水平、社会意识形态等，进而对学校规划编制工作进行全面系统的谋划和部署。

（二）规范组织　细节求实

为了全面做好“十一五”、“十二五”规划编制工作，全力以赴

做好这项事关学校长远发展的大事。主要做好五项工作：

1. 完成规划编制工作方案和工作平台建设

做好规划的“规划”——《江汉大学规划编制方案》。明确规划编制的指导思想、工作方针、主要任务、方法步骤以及工作要求，并以相应的财力、物力作保证，落实场地、经费，在校园网开辟专门网页，用于规划编制的理论学习，发布上级和江汉大学有关文件、信息，交流专家、教授及师生的意见、建议，提高规划编制的透明度和民主参与度。

2. 进行规划编制的理论等各项准备

为了保证规划编制的科学性，江汉大学还组织力量广泛地开展调查研究，前期准备包括基础调查，摸清学校现状数据，进行同类高校发展现状比较，江汉大学主要领导和职能部门负责人先后赴深圳大学、南方科技大学、广州大学等高水平、同类地方大学进行调研，到上海大学、宁波大学、五邑大学、沈阳大学、青岛大学等兄弟院校考察，学习兄弟院校规划编制工作的经验。走访了省市政府有关职能部门，考察了学校所在的武汉经济技术开发区，了解区域未来发展的目标和要求。完成了对学校发展外部环境和市场需求调研。这期间，规划专班还参加了国家举办的“十一五”、“十二五”规划编制工作研讨班，并就有关问题到该市发改委请示报告工作，对国家“十一五”、“十二五”高等教育宏观形势以及下步高等学校改革发展要求有了进一步把握。

3. 完成学校定位、发展目标、发展方式的专题研究和“十一五”、“十二五”拟建重大项目的初步论证

为明确江汉大学下一个五年的发展目标，并通过项目推动学校的建设发展，学校先后多次在不同层面召开专题研讨会，研究确定学校中长期发展定位，初步论证了“十二五”期间拟建的重大项目。

4. 完成江汉大学“十五”、“十一五”发展规划执行情况的总结

对学校“十五”、“十一五”时期的主要成就、主要问题进行全面梳理。

在上述工作的基础上，江汉大学分别组织专班起草了《江汉大学“十一五”发展规划》及学科专业建设、师资队伍建设、校园基本

建设、数字化校园建设、精神文明建设五个专项规划的草案。完成《江汉大学“十二五”发展规划》(草案)和学校“十二五”专项规划(草案)的起草工作。学校“十二五”发展规划共有七个专项规划，分别是：学科建设规划、人才培养与教学改革规划、师资队伍建设规划、科学研究与产业发展规划、校园基本建设规划、信息化建设规划、思想文化建设规划。这些草案形成后，江汉大学在校内组织了不同层次、不同范围的讨论会，广泛征求来自各方面的意见，经过多次修改，十易其稿，形成规划草案。召开工作会议，认真听取了各学院、各单位、各部门对学校《江汉大学“十二五”发展规划》(草案)的意见。

三、把握关键：形成规划实施核心指标

发展是城市综合大学的第一要务。增长原则是衡量速度列首位的标准与指标。科学发展观理论揭示，世界上发展成功的大学都将发展放置于头等重要位置，速度作为发展的一种内在表现形式，大学无论实行何种经济社会制度下，在人类经济社会发展过程中都客观地演绎着自身独特的“速度模式”。“速度模式”源于规划在关键环节的成功把握。制定发展城市综合大学规划的关键环节要重点把握好重要内容：

(一)预研环节：要科学把握发展形势和环境

“十一五”时期，是我国全面建设小康社会的关键时期，国家将重点实施建设创新型国家、建设社会主义新农村、构建社会主义和谐社会等重大战略任务。湖北省也在大力推进新型工业化，倾力打造“武汉城市圈”，实施“中部崛起战略”。武汉市提出要努力成为“中部崛起”的重要战略支点和技术创新的中心点，坚持走新型工业化道路，加快形成以高新技术为先导、先进制造业和现代服务业为支撑的新型产业体系，实现从老工业基地、传统商贸重镇向先进制造业基地、现代服务业中心转移升级，并在更高层面上加快科教优势转化为经济优势的步伐。在高等教育领域，随着我国高等教育大众化、国际化的推进，教育教学改革日益深化，办学机制不断

创新，高等教育的进一步发展将成为历史必然。加之江汉大学在省委、省、市政府的高度重视和大力支持下，近几年通过四校整合，加强了学科建设、师资队伍建设和办学条件建设，办学实力明显提升，教学工作达到了良好水平，这些都为江汉大学在武汉市"8+1城市圈两型社会"建设发展中培养高素质人才提供了良好的机遇和条件。江汉大学是武汉举全市之力组建的一所地方性大学，为武汉培养"留得住，用得上"的实用型、应用研究型人才，既是江汉大学义不容辞的职责，又是江汉大学作为地方性大学的办学特色所在，更是把江汉大学建设成为与武汉特大中心城市地位相称的大学的客观要求。武汉市地处我国中部，区位优势得天独厚，西部大开发战略的全面实施和纵深推进为武汉加快发展步伐提供了新的历史机遇。因此，武汉市政府提出要将武汉建设成为光电子信息、钢铁及新材料、轿车及零配件、生物医药、环保五大产业基地，以及金融、信息、科教、物流、旅游五大功能中心，这就迫切需要众多的高级人才。当时武汉地区部属高校主要是面向全国招收研究生，学生毕业后留在武汉的不多，加之很多专业应用性、实用性不强，尚不能完全满足武汉市对高级专门人才的需求，影响了武汉市五大功能中心、五大产业基地的建设与发展。因此，科学把握发展形势和环境，有利于发挥江汉大学办学的地方性特色，更好地为地方经济建设和社会发展服务。

（二）编制环节：要根据客观和学科等自身条件扬长避短

江汉大学经过近20年的发展，在学科建设上形成了自己的特色，与同类大学相比具有明显的优势，45个本科专业，涉及经、法、文、史、教育、农、医、理、工、管理等学科门类，初步形成了以地方社会发展和经济建设为导向，理工结合、基础与应用结合的学科优势。学校通过加大学科建设的投入，建设了一批特色明显，优势突出的学科，从而带动了相关学科的发展，并围绕硕士点的立项建设，形成了省、校两级硕士点立项建设学科群。基础医学、化学工程与技术、美术学3个学科各有特色，均为省级硕士点建设立项学科。

基础医学中的病理学与病理生理学学科的重点研究方向为胃肠道肿瘤临床病理、肿瘤分子免疫与抗肿瘤药物及实验病理，在胃肠道肿瘤临床病理研究方面，形成了以淋巴转移与微转移为主导的研究特色，对指导临床制定个体化治疗方案、降低死亡率、提高湖北省地区胃肠道肿瘤5年生存期等方面产生较大影响。抗肿瘤基因工程抗体的制备及应用与抗肿瘤药物的研究在肿瘤治疗方面可作出有益的探索。

化学工程与技术学科是以绿色化学工程的开发和应用为该学科的重点发展方向，并形成了以化工污染控制与治理、化工过程的计算机开发与模拟、环境友好高分子材料为主导的研究领域。在环境友好高分子材料的研究方面，结合湖北省汽车、医药、食品等行业，着眼于生物可降解材料、高性能高分子材料和天然材料的开发，注重材料开发过程中资源的再生和综合利用以及环境保护。化工过程的计算机开发与模拟方面，化工过程设计及化工单元操作的计算机模拟、应用软件在省内具有一定的先进性。化工污染控制与治理针对气、固、水三大污染源进行研究，为控制和解决化工污染问题提供强有力的技术支持。绿色化学工程符合21世纪以人为本的发展战略，为环境可持续发展作出了有益的探索和贡献。

美术学学科的美术教育和实用美术等研究方向都紧贴湖北省社会需求的实际。综合美术研究方向在国内的高等美术院校中处于摸索和实验阶段，在湖北省也属唯一，有很大的发展空间；美术教育方向是培养综合型、开放型的美术教育人才。江汉大学自1980年成立之初就创办美术教育专业，在社会上形成了一定的影响力，为社会培养了一批如武汉画院副院长、国家一级美术师冷军等知名画家。在强调全民素质教育的今天，对美术教育的研究显得尤为重要。以往的美术教育更多的是强调美术基础，而今更加关注人文性和开放性。实用美术设计是人类艺术性的造物活动，是对生活方式的探索，它已渗透到人们生活的各个领域。从事这一方向的研究更有利于和谐社会的建设。

扬长补短有利于发挥江汉大学的地方性大学优势、资源优势、学科优势，促进武汉地区社会、经济、科教的发展。根据国家、省市规划编制工作要求，做好学校发展规划与国家中长期教育改革发展、中长期科技、人才发展规划纲要，省市国民经济社会发展“十二五”规划的对接工作，尽可能增强与上述规划的把握和适应程度，在此基础上修改、统筹、完善学校总规划(草案)与各专项规划(草案)。制定江汉大学重大建设项目规划。同时，制定财政与资源专项规划，将经费、资源因素与战略规划相结合，保证资金使用的高效性和灵活性。

(三)论证环节：要注重规划的科学性、权威性

如江汉大学“十一五”发展规划编制，整个过程中坚持科学发展观和教育创新思想，主要着力点三个：一是充分考虑地方社会经济发展对高层次人才的需求，促进学科专业建设、学校教育与地方经济社会的对应连接，并不断推进区域经济和社会的和谐发展；二是较好地体现了学科自身的发展规律、高等教育规律和国内外发展趋势；三是紧密结合学校实际，围绕学校发展总目标，制定专项规划，采取相应可行的措施，力求体现前瞻性、指导性、实际操作性，体现与“十五”及今后《江汉大学“十一五”发展规划》的衔接和差别。

为了更好地服务地方经济社会发展，江汉大学召开了“十一五”规划论证会，会议由武汉市人民政府办公厅秘书长主持，江汉大学党委书记报告了江汉大学“十一五”规划的编制过程，学校“十一五”发展的基础，学校“十一五”发展的战略构想与奋斗目标，实现“十一五”规划的主要措施。参加会议的有市政府办公厅秘书长、副秘书长，市发展与改革委员会，市财政局，市教育局，市人事局，市科技局，市城市规划管理局主要领导出席。与会领导认真审议了江汉大学“十一五”发展规划，并查阅了与之配套的学科专业建设、师资队伍建设、校园基本建设、数字化校园建设、社会主义精神文明建设五个专项规划。

会议认为，江汉大学“十一五”发展规划(草案)，认真总结了学校“十五”期间的发展，紧紧抓住了主要的成绩与问题；全面分析了“十一五”期间学校面临的形势，较好把握了学校特有机遇与

挑战。

规划(草案)强调在“十一五”期间，江汉大学坚持科学的发展观，办成国内有影响的地方综合性、教学型大学，指出“十一五”期间努力从申报硕士学位授予权、特色学科(含省级重点学科)和学科团队建设、本科教学水平评估创优、国家级教学、科研项目和成果奖励以及省级重点实验室建设、为地方经济建设和社会发展服务等五个方面实现重点突破。学校规划将江汉大学教育事业发展与武汉市“十一五”经济与社会的发展、高等教育的发展、武汉市科技兴市的区域创新体系等结合起来，较好地体现了学校的综合优势及学科特色。其指导思想正确，发展目标明确，保障措施得力，是一份比较好的战略发展规划。规划编制注重广泛调研与专题研究，校内外专家、师生的广泛参与，集思广益，群策群力，广开思路，使“十一五”规划具有较好的工作基础，体现了时代感、前瞻性、科学性。

经过协商、讨论，会议原则上通过江汉大学“十一五”发展规划，一致同意支持实施该规划。会议强调，人才是武汉市“十一五”经济社会发展的第一资源，教育的优先发展在地方经济建设社会发展起着基础性、先导性的推动作用。江汉大学作为武汉市培养高级专门人才的重要阵地，学校的发展要认真落实战略规划和科学管理，进一步深化教育教学改革，大力加强学科专业建设、师资队伍建设，科学规划完善校园建设，不断提升办学水平。武汉市政府各部门应把江汉大学的“十一五”发展规划归入全市的“十一五”发展规划之中，努力为学校发展提供人、财、物等方面的有力保障，推动学校建设迈上一个新的台阶，为武汉市“十一五”经济建设和社会发展作出更大的贡献。

为了加强规划的科学性和权威性，江汉大学还邀请以宁津生院士、樊明武院士为组长，湖北省著名大学校长、书记、省学位办主任为成员一行10人的江汉大学“十一五”发展规划论证专家组，对江汉大学“十一五”发展总体规划、学科建设规划和师资队伍建设规划进行了论证。认为：江汉大学确定“十一五”期间的奋斗目标是可行的；学校为实现“十一五”奋斗目标制定的措施，涉及教学、科研、办学体制及师资队伍、办学设施和校园文化等方面的建设，符合学校实际。江汉大学“十一五”发展规划及相配套的专项规划，体现了科学发展观的精神，符合江汉大学的实际，既富有战略性、前瞻性，又具有较强的操作性。专家组在肯定成绩的同时，提出了修改建议。根据专家组意见，规划办以及有关职能部门对规划进行3~4次修改，更进一步集中了校内外领导和专家的智慧。

(四)审定环节：要注重流程的完整性和民主决策

江汉大学“十一五”总规划和五个专项规划、“十二五”总规划和七个专项规划编制已形成草案后，多次召开各种形式的规划编制论证会征求各单位、各部门、各学院以及校内教授、专家、各民主党派、无党派人士、教师代表等的意见，在集思广益基础上共进行大的修改十多次，使江汉大学“十一五”、“十二五”发展规划形成过程，成为有组织、有领导充分发扬民主的过程，比较好地集中了校内各方面的智慧，充分调动了广大师生员工参与学校改革、推动学校建设的积极性和创造性。提交校长办公会讨论作出提交教代会讨论的决定。征求省教育厅、市委办局，省内专家教授、理事会单位和师生员工的建议、意见。按照上级要求，通过提请校教代会、党委会审定等程序，不断完善江汉大学“十一五”、“十二五”发展规划(草案)，直至圆满完成整个规划编制工作。

四、措施到位：形成规划落实良性机制

如《江汉大学“十二五”总体发展规划》共分四个部分，即发展新起点、发展新形势、发展新目标和发展新举措。力求四个部分具有一个完整的逻辑关系，通过对学校发展的过去、现在和将来的描述，形成一个有机的整体。

(一)关于发展新起点

“十一五”时期是江汉大学综合实力提高最快、学校面貌发生重大变化、各项工作蓬勃发展、师生生活显著改善的时期。学校“十一五”的成就，为“十二五”的发展奠定了良好基础。更重要的

是，全校上下在落实科学发展观的学习实践中，对地方经济社会和学校发展规律的认识有了新的飞跃，驾驭复杂局面的能力有了新的增强，学校发展核心竞争力水平有了新的提升，进一步积累了又快又好发展的宝贵经验。其发展的新起点表现为：办学规模稳步增长，学科专业建设实现新突破，教学质量逐步提高，科研实力明显增强，师资队伍建设水平进一步提升，对外合作与交流持续扩大，办学条件日益改善，与社会互动办学深入推进，党建和思想文化建设成效显著等方面。但是，由于主客观条件影响，江汉大学“十一五”规划中提出的省部级以上成果奖励、省级重点学科、省级品牌专业、省级重点实验室建设、在校生规模增长、留学生培养、征地等目标尚未按质按量全面完成。

《江汉大学“十二五”发展规划》（讨论稿）中提出学校依然面临着发展不够的主要矛盾。主要表现在以下五个方面：一是核心竞争力不强，学科专业、科研、师资队伍等方面整体实力偏弱；二是结构不够合理，包括传统学科与交叉学科、新兴学科的结构，本专科比例，全日制与成教学生比例，生源地域等结构，师资队伍中学历、职称、年龄、学缘等结构不尽合理；三是服务地方能力不强，服务地方发展的意识、水平和能力有限；四是办学效益不高，资源短缺和浪费现象并存，管理水平和自我造血功能不够，办学规模和办学资源发展不够协调；五是办学特色不够鲜明，办学特色的培育力度不大。该规划力求分析问题准确，透彻，能够对学校确定未来发展战略提供依据。

（二）关于发展新形势

主要分析国家、省、市经济社会发展重大战略要求，国家科技、人才、教育中长期发展规划纲要的导向以及省部共建武汉城市圈教育综合改革国家试验区的任务，也分析江汉大学与省内外同类高校在核心竞争力方面的差距，提出机遇与挑战并存。

“十二五”时期，是我国全面建设小康社会、加快推进社会主义现代化的关键时期，经济建设、政治建设、文化建设、社会建设以及生态文明建设全面推进，工业化、信息化、城镇化、市场化、国际化深入发展，人口、资源、环境压力日益加大，调整经济结构、转变发展方式的要求迫切。①《国家中长期科学和技术发展规划纲要（2006—2020 年）》、《国家中长期人才发展规划纲要（2010—2020 年）》、《国家中长期教育改革和发展规划纲要（2010—2020 年）》的相继出台和实施，标志着我国科学技术、人才、教育的改革发展进入新的历史时期，必将助推我国高等教育进入新的腾飞周期。

湖北省委、省政府也确定了未来十年把湖北省建成高等教育强省的奋斗目标，并与教育部合作共建“武汉城市圈教育综合改革国家试验区”，促使武汉城市圈率先在中部地区基本实现教育现代化，为实施促进中部地区崛起战略和推进武汉城市圈“两型社会”建设提供人才保障和智力支撑，为全国教育改革发展探索新路。②武汉市作为中部地区的中心城市，其发展已站在了新的历史起点。促进中部地区崛起、建设武汉城市圈“两型”社会综合配套改革试验区和武汉东湖国家自主创新示范区等国家重大战略集聚武汉，中央对武汉提出了新的更高要求。武汉市已明确了壮大提升传统支柱产业，加快建设高端制造业基地，大力提升现代服务业规模和层次，大力培育战略性新兴产业，积极发展现代都市农业，努力打造中部医都等发展思路。

合并组建以来，江汉大学实现了跨越式发展，但与国内同类高校相比，与湖北省属院校相比，该校与它们中领跑者的差距却在扩大，特别是在核心竞争力和办学规模方面差距较大。新的形势，使江汉大学面临新的严峻挑战，同时也带来难得的发展机遇。在未来激烈的竞争中，前有标兵、后有追兵，如果江汉大学抓住机遇、乘势发展，就有可能提高水平，再上新台阶；如果误判形势，在国内新一轮高等教育的重新洗牌中，江汉大学就可能丧失机遇、被动落

① 国家中长期教育改革和发展规划纲要(2010—2020 年)[J]. 评价与管理，2010(9).

② 高家龙，梁炜. 武汉城市圈成国家教改实验区　部分政策经费对鄂倾斜[N]. 楚天都市报，2008-8-5.

后。江汉大学应充分发挥优势，牢牢抓住机遇，用卧薪尝胆、背水一战的精神和勇气，积极应对挑战，参与竞争，奋勇拼搏，不断提高学校的综合实力和办学水平。

(三)关于发展新目标

1. 指导思想和发展方式

指导思想突出表现在办学思路上：一是以贯彻党和国家的教育方针为主题，把育人为本作为学校的根本任务；二是以办好人民群众满意的教育为宗旨，把提高教育质量作为工作重点；三是以体制机制改革为动力，把多元开放、彰显特色、服务地方作为各项工作的落脚点。

发展方式选择的核心是提高学校发展的质量和效益。学校新一轮的快速发展，要求江汉大学在发展方式上实现新的突破，在坚持发展为第一要务的前提下，把学校的各项工作有机地统一起来，紧紧抓住该市经济社会大发展所带来的难得机遇，突出战略重点，明确主攻方向，以更大的决心和力度，在“加快”上下工夫、见实效。发展方式坚持改革创新；内涵与外延相结合、以内涵为主；差异化发展；优先发展；跨越式发展；和谐发展等。

2. 奋斗目标和主要任务

规划中提出的奋斗目标和主要任务概括起来为“五个新突破”、“六大新任务”。

综合考虑该校目前发展的基础、条件和趋势，在奋斗目标中首次提出“十二五”期间预期取得的五个新突破，它是学校综合实力在办学层次、科研实力、教学成果、高端人才、文明建设等方面提升的标志，也是实现“在国内有影响、有特色的高水平地方综合性大学”的阶段性奋斗目标。

“十二五”时期的任务十分繁重和艰巨，许多“两难”问题需要解决，做好这五年的工作，要把握全局，统筹兼顾，突出重点。为此，规划在编制中的主要任务归纳为扩大办学规模、优化学科专业建设、深化人才培养和教学改革、加强师资队伍建设、推进科学研究与产业发展、改善办学条件保障六大新任务，其指标带有约束性。

这“五个新突破”和“六大新任务”是经过多次反复讨论而形成的，该校认为这个目标既是符合学校实际情况的，同时也是振奋人心的，应该说经过努力是可以实现的。

（四）关于发展新举措

规划以贯彻落实《国家中长期教育改革和发展规划纲要（2010—2020年）》为主线，围绕奋斗目标和主要任务提出以下九个方面的新举措：

（1）调整学科专业结构，提升学科专业建设水平。优化学科专业结构，提升学科综合实力，加强重点学科基地建设，强化重点（品牌）专业建设，完善学位管理。

（2）深化教育教学改革，提高人才培养质量。深入实施教学改革与教学质量工程，深化人才培养模式改革，大力提升教学质量，切实抓好研究生培养质量。

（3）创新人才工作机制，增强师资队伍实力。实施高端人才引进和“江汉学者”发展计划，加强现有师资队伍梯次培养，加强教学团队和创新团队建设，大力加强师德师风建设。

（4）加强科学研究，推进科研成果转化。加强科技创新基础平台建设，推进科技产业发展，加快科技成果转化，积极开展学术交流活动。

（5）深化共建合作，增强服务地方能力。积极争取社会资源参与办学，筹建特色鲜明的应用性学院，积极为地方发展提供科技服务，加大继续教育服务地方力度。

（6）扩大对外开放，拓展国际合作交流。拓宽国际合作交流领域、渠道，加大外籍教师聘用及教师派出力度，积极开展培养留学生工作，加强与国内外大学、科研机构的科研合作。

（7）加强办学条件建设，完善公共服务体系。实现办学经费持续增长，加大实验室建设和开放力度，积极推进校园信息化建设，加强校园基本设施建设，进一步完善后勤保障。

（8）推进体制机制创新，建设现代大学制度。积极推进管理体制机制改革，全面实行新的聘任(用)和岗位管理制度，建立科学的分配激励机制，建立充满活力的人才合理流动机制。

(9)推进文化建设，构建和谐校园。加强思想政治建设，推进学习型党组织建设，强化哲学社会科学建设，优化文化育人环境，美化校园硬环境，支持独立学院、附属单位发展，实施惠民工程改善民生。

这九项举措从标题字面上来看并不是很有新意，但其内容都是高校工作永恒的主题，江汉大学之所以用新举措来描述，主要是想强调要实现“十二五”的宏伟目标，必须用改革、创新的思维，用超常规的手段，用与众不同的方法，用敢为人先的勇气去努力拼搏。也就是说要在创新规划的执行、落实上狠下工夫。

第六章 “三性”教育模式的分析框架和评价指标①

——关于地方高校“三性”人才培养目标的思考

目前我国高等教育已进入后大众化时代，地方经济社会发展不仅为高等教育发展提供了巨大发展空间，同时也对高等教育提出了紧紧围绕立德树人的根本任务转变发展方式等深化综合改革的要求。为适应经济社会可持续发展对人才的要求，近些年地方高校积极开展应用性、创新性与国际性（以下简称“三性”）的教育改革探索，在实践中大量问题值得研究，特别是如何设置“三性”人才培养目标及其评价方式，如何形成独具特色的“三性”教育科学模式体系亟待求解，以便为“三性”人才培养提供操作范型，本书就此进行研究，并求教于同行。

第一节 “三个面向”与“三性”教育的内涵

一、“三个面向”是“三性”教育重要的指导思想

早在 30 多年前，邓小平同志以一个政治家的胆识，从当时整个中国乃至世界经济社会发展的大趋势、大格局出发，提出了“教

---

① 代飚，贠翔悦. “三性教育模式的分析框架和评介指标——关于地方高校”三性人才培养目标的思考[C]. 桑建平，肖引. 十五副省级城市综合大学发展报告 2013. 湖北人民出版社，2014：231-241.

育要面向现代化，面向世界，面向未来”①。1985年5月，《中共中央关于教育体制改革的决定》突出强调了“三个面向”，并将其视为提高全党对教育工作认识的重要内容②，不仅丰富发展了20世纪我国社会的教育现代化理论，而且也构成了中国特色社会主义理论体系的重要组成部分，一直成为中国各级各类教育提升教育质量、促进改革发展重要的指导方针和具有很强方向性、针对性和指导性的教育改革理念。③ 在“三个面向”的指引下我国高等教育改革不断发展，《国家中长期教育改革和发展规划纲要(2010—2020年)》明确提出了“着力培养信念执著、品德优良、知识丰富、本领过硬的高素质专门人才和拔尖创新人才”的目标。2012年教育部发布《国家教育事业发展第十二个五年规划》明确提出要树立科学的教育质量观，“把促进人的全面发展、适应社会需要作为衡量教育质量的根本标准”。党的十八大报告进一步提出“全面实施素质教育，深化教育领域综合改革，着力提高教育质量，培养学生社会责任感、创新精神、实践能力”的新要求，所有这些对提高高等教育质量具有重要的先导性意义。

“教育要面向现代化，面向世界，面向未来”是不可分割的统一整体，“三个面向”的内涵也随着时代变迁、社会进步和教育改革深化得到不断发展和完善。在中国教育改革与发展过程中，人们对“三个面向”的理解与实践与时俱进，不断丰富，增加一些具有时代气息的新内容。地方高校积极实施的“三性”教育改革充分体现了“三个面向”的核心思想，是“三个面向”教育理念在新的时代背景下实践的重要成果。教育要“面向现代化”，要求教育面向地方经济建设的主战场加强应用性，为社会主义建设服务，提升自身的现代化，实现教育思想、教育制度、课程设置、教学方

① 邓小平. 邓小平文选[M]. 第二卷. 北京：人民出版社，1994：35.

② 项贤明. 试析“三个面向”内在联系及其现实意义[J]. 中国教育学刊，2013(10).

③ 石中英. “三个面向”与中国教育改革[J]. 中国教育学刊，2013(10).

法、教学手段的变革，构建科技、教育和人才三位一体的人力资源开发建设的新思路，并以此作为实现中国梦的战略选择，努力培养适应现代化建设要求的应用性人才。教育要“面向未来”是教育本质特性的必然要求，其重要涵义是教育应不断创新，通过自身不断变革与世界范围内科学技术发展趋势相适应。教育要“面向世界”揭示了教育的开放性特征，是全球化背景下经济关系国际化和政治格局多极化的必然结果，是当代世界高等教育发展的必然趋势，也是影响中国高等教育改革与发展成效的重要因素。① 从世界高等教育研究的整体格局来看，中国的高等教育研究仍游离于“中心”之外②，它要求我们具有开放思维和国际化视野，善于把握历史机遇和全球化时代对教育价值、教育目标、课程内容、教学模式、教师培养与培训、学业质量评价、教育管理等方面带来的挑战③，广泛参与国际交流与合作，在了解和学习世界各国先进的科技和教育经验中培养学生面向世界所需要的素质，通过培养具有世界眼光的国际性人才，逐步缩小与发达国家的差距，使我国的教育和现代化进入世界先进行列，推动科技经济文化逐步迈向世界更新更高水平。

二、“三性”教育的定义及其内涵

所谓应用性教育，是区别于传统高校定位于学术性教育，以技术教育为主体并拓展至其他新兴应用性学科专业的高等教育类型。按照联合国教科文组织《国际教育标准分类法》(1997 年修订稿)，将幼儿教育至博士研究生教育按 0 至 6 顺序排列。中学后教育相当于高等教育，主要部分是 5，包括大专、本科、硕士。5 又分为 A、B，5A 是理论型，5B 是实用性、技能型，适用于具体职业。5A 相

① 陈亚玲. 高等教育国际化的内涵探析[J]. 内蒙古师范大学学报(教育科学版)，2007(1).

② 潘懋元. 中国高等教育研究的历史与未来[J]. 中国地质大学学报(社会科学版)，2006(5).

③ 石中英. “三个面向”与中国教育改革[J]. 中国教育学刊，2013(10).

当于我国的大学本科教育，它包含地方本科院校；5B 相当于我国高职高专教育。5A 又可分为 5A1 与 5A2，5A1 是按学科分类，一般是为研究做准备的，5A2 主要按行业分类，一般是从事高科技要求的专业教育。① 应用性教育源于第二次世界大战后，它的出现是社会发展的产物。20 世纪中叶世界高新技术的发展，尤其是信息技术推动知识经济的产生，促使高等教育出现新的形态；应用性教育在一些发达国家应运而生，在高等教育发达的美国，实施应用教育的本科院校和就读的学生超过 90%。② 我国地方本科院校中真正实施应用教育的原本为数不多，近些年有逐步加强趋势。地方本科院校教育具有很强的区域性，这种区域性表现在与区域经济的紧密关系上，从人才培养模式考量，应用性教育遵循的一个重要原则，就是既重视地方经济社会发展所需专业理论知识的学习，同时也注重操作技能的掌握，所培养的人才既有较宽厚的基础理论、较宽广的专业口径，又有较强的实践动手能力。③ 它是以育人为本，以就业为导向，以现实工作岗位所匹配的素质要求为培养目标，开拓学生的学科专业视野，培养学生具有一定创新能力、发展潜力和专业技能，并强调学生人文素质的教育。

所谓创新性教育，是以培养和开发创造性能力为目标，在系统地传授书本知识和培养基本技能的过程中，突破原有的知识范围、意识和传授方式，尽量引导、激发学生的创新激情，增强创新意识，着重培养创新思维和创造性能力，造就知识开拓型的创新型人才的教育。④ 创新是国家兴旺发达的不竭动力。教育作为一种培养人的实践活动，把促进人的全面发展作为最根本追求，而“人的发

① 潘懋元. 新建本科院校的办学定位与特色发展[J]. 荆门职业技术学院学报，2007(7).

② 张丽萍. 地方本科院校向应用型大学转型的难点探析与路径选择[J]. 理论月刊，2008(10).

③ 李进才，朱现平，张丽萍. 中心城市高校创新人才培养模式探索[J]. 中国大学教学，2003(2).

④ 郑兴德，邹兆南. 创新性教育的基本特征与生理基础[J]. 重庆教育学院学报，2011(3).

展就是人的本质的培养与形成”。社会的发展需要建立在人的发展基础之上，通过人的发展来实现。因此，教育最根本的价值是促进人的发展，这也是教育内在价值所在。创新教育的本质，就是基于批判性思维的教育理念，通过不断深化教育改革，发展人的创新思维等优秀品质，把受教育者的创造意识变成现实能力，全面开发人的创造潜能。创新能力是人类智慧最有意义、最有价值的集中表现，它是人们能动地改造自身和客体的强大推动力①，创新能力的培养需要教育真正从守成性、维持性教育向创新性、创造性教育转变，从注重教育的文化传承功能向注重教育的文化革新功能转变，彻底改变教育与生活、学校与社会、教师与学生的关系，创造出一种适合于个体、社会、国家和全人类未来生存与发展要求的新教育。② 这一转变涉及教育目标、教育内容、教育原则和方法、教育评价标准的全面的、根本的变革。③ 它是一场教育观念的深刻变革，是教育功能上的重新定位。美国的科技之所以领先世界，关键在于美国的大学长期以来在推进创新创造教育和培养学生的创新能力方面独具匠心，强调课内和课外两方面学习生活的重要性，十分重视学生创新创造能力的培养，并特别注意把两者融合起来营造一个整体最优的环境。早在 1906 年美国 E. J. 普林德尔发表的论文《发明的艺术》标志着创造学的产生，它为美国后来大规模的创造力开发和专门的创造力研究奠定了基础。④ 1948 年，美国麻省理工学院率先开设了创新力开发课程，而且始终关注人才培养目标并且能与时俱进地确定创新人才培养的标准。我国至今尚不能称作创新型的国家，其原因就是我国在研发中经费投入不足，缺少原创性

① 郑兴德，邹兆南. 创新性教育的基本特征与生理基础[J]. 重庆教育学院学报，2011(3).

② 李进才，邓传德，张丽萍，范雄飞. 在教育创新中大力提高教育教学质量[J]. 江汉大学学报，2003(1).

③ 肖川. 创新教育≠创造教育[J]. 中国妇女报，2003-01-22.

④ 林金辉. 高等学校创造教育的理论研究[M]. 福建：厦门大学出版社，2007：35.

的成果，自主新技术在经济发展中应用率比较低。① 反思教育，我国对于创造学的研究与世界发达国家相比起步较晚，其研究始于20世纪80年代的翻译、介绍国外创造学知识②，之后经历了从“创造技法”的介绍、开发到初步对创造力全方位研究的过程。③如何通过深化高等教育改革培养具有创新精神和创造能力的人才，一直成为包括地方高校在内所有高等学校教育面临的重大课题。20世纪末武汉大学原校长刘道玉教授提出了“SSR创造教育模式”(简称“SSR模式”)，它是Study independently，Seminar，Research的英文缩写，分别代表的意思是“自学”、“课堂讨论”与“科学研究”。④创造教育属于高效性的教育，它不是改变教育的社会职能，而是更加强化它的职能，使教育更好地为社会生产服务和为社会生活服务。创新教育与创造教育作为一个完整的理论概念，其内涵既有联系又有区别，二者相辅相成。创造是想出新方法、建立新理论；创新是在原有知识、技术和技巧等的基础上有所前进、有所发现和突破。创造、创新具有的内在关联性，但“创”的程度、形态、阶段却不同，它是一个从量的积累到质的飞跃的过程。地方高校要真正有效实施创新创造教育还有很长的路要走，还有大量工作要做，其重要基础工作就是创新教育评价标准的设计和不断地完善。

所谓国际性教育，这里不得不提到国际大学协会IAU(International Association of Universities)。该协会在综合各种意见的基础上提出，“高等教育国际化是把跨国界和跨文化的观点和氛围与大学

① 刘道玉. 论大学创造性人才培养体系的构建[J]. 高教探索，2011(1).

② 林金辉. 高等学校创造教育的理论研究[M]. 福建：厦门大学出版社，2007：41.

③ 林金辉. 高等学校创造教育的理论研究[M]. 福建：厦门大学出版社，2007：43.

④ 罗儒国. “三创教育”模式的探索与展望——以武汉大学为例[J]. 黑龙江高教研究，2012(6).

的教学工作、科研工作和社会服务等主要功能相结合的过程，而且是一个包罗万象的变化过程，既有学校内部的变化，又有学校外部的变化，既有自下而上的，又有自上而下的，还有学校自身的政策导向”①。《教育大辞典·高等教育卷》，将高等教育国际化定义为“高等教育在面向国内的基础上面向世界的一种发展趋势”。教育国际化并非是西方化，也不是国际趋同化。教育国际化是指国际间的人员交流、财力支援、信息交换(包括教育观念和教育内容)、教育机构的国际合作以及跨国的教育活动等方面。教育国际化是现代教育的基本特征。② 在高等教育国际化的进程中出现了“国际性”概念。有学者认为，高等教育“国际化”与高等教育“国际性”是两个稍有区别的概念。“国际性”强调的是一种属性，或是特点，“国际化”更多强调的是一个过程或是趋势。二者共同之处，都是关注本土文化之外的文化，坚持多元化的发展。“国际化”与“国际性”，只是在构句方面有差别，没有太多词义上的差别。③

尽管“三性”教育在着力点上各有不同，但却有异曲同工之处，目的是培养面向现代化、面向世界、面向未来的高素质人才，使我国高等教育的功能更加优化和提升，地方高校更有效地服务地方经济社会发展。“三性”教育这三者之间既互相联系，又各有侧重，是一个统一的整体。教育的创新性是基础，是核心。培养地方需要的创新人才不仅是建设创新型国家、创新性城市的需要，也是地方高校的义不容辞职责和使命，在实践中经过持续探索，形成独具特色的“三性”教育模式体系，能有效促进本科教育质量提升，从而使更多的受教育者能成为未来社会需要创新型人才，凭借其整体的优良素质主动参与日益激烈的国际竞争。

---

① 刘国福. 大学国际化探讨[J]. 太平洋学报，2008(2).

② 顾明远. 教育的国际化与本土化[J]. 世界教育信息，2011(4).

③ 徐佳. 暑期学校项目在提升高校人才培养模式国际性方面的探析[J]. 中国校外教育，2012(12).

第二节 “三性”教育的提出是顺应当今国际国内社会发展需要的根本性变革

一、实施“三性”教育是高等教育提升人才培养质量的客观要求

毋庸讳言，我国高等教育后大众化时代由于入学“门槛”降低，大学毕业生整体素质也有所降低。而短期内的学校超常规“扩招”和盲目“升格”，也带来大批校高校师资紧张、经费匮乏、教学设施“跟不上”等实际问题，最尴尬的就是就业问题，曾被誉为“天之骄子”的大学生遭遇前所未有的求职难。联合国有关组织将创业能力看做是继学术能力、职业能力后的第三种能力，并称其为“第三本教育护照”。但目前大学毕业生囿于创业能力，选择自主创业的人数较少，据某权威机构调查显示：2010 届、2012 届湖北省本科毕业生自主创业的比例均为 1.6%。2011 届湖北省高校毕业生认为影响自主创业的主要因素为“缺少资金”(34%)；其后依次为“缺乏企业管理经验”(29%)、“市场推广困难”(23%)等。他们还认为对创业最有帮助的在校活动/服务为“假期实习/课外兼职”(53%)；其后依次为“学校和政府提供的创业培训和咨询”(18%)、“大学的模拟创业活动，如创业大赛”(17%)、“大学的社团活动”(12%)。上述说明高等教育后大众化时代，我国高等教育的缺失，需要特别重视培养大学生创业能力培养，高校专业、课程设置应特别注重以社会需求为导向，以培养出更多“适销对路”的人才。“三性”人才培养目标是对高校整个教育体制、教学方法、教育内容进行的一次全面的改革。是从传统教育模式中走出来，对学校培养人才目标的重新定位。① “创业”是针对现实经济社会特征所做的实践操作指

① 为培养“应用性 创造性 国际性”人才而共同奋斗——杨卫东校长访谈录[R/OL]. http://www.jhun.edu.cn/show_detail.asp? ID = 120702&Dept = %D6%F7%D2%B3&Category = %D1%A7%D0%A3%D2%AA%CE%C5. 2013-03-29.

导，但更大程度上凝聚成为一种成型观念的升华，是一种精神的回归和自我实现，它贯穿于“三性”教育的始终。通过实施“三性”教育，有利于弥补现实教育的缺失，培养学生创造性意识、创造性精神、创造性思维、创造性人格及创造性实践能力，全面提高人才教育质量。因此，实施“三性”教育是高等教育提升人才培养质量的客观要求。

二、实施“三性”教育是顺应高等教育后大众化阶段经济社会发展的客观需要

随着高等教育进入后大众化阶段，人们需要重新思考大学的功能，大学到底应当培养什么样的人才？现代产业结构决定城市人才的层次规格和种类，我国正处在工业化进程中，以武汉市为例，武汉市第十二次党代会报告确定了“建设国家中心城市、复兴大武汉”的宏伟目标。专家预测武汉 2049 年将成一流世界格局城市。《武汉 2049》和《武汉建设国家中心城市行动规划纲要》提出：2049 年，武汉将成为战略中枢的国家中心城市，构建国家创新中心、国家先进制造中心和国家物流中心。空港、河港等对外功能平台形成面向国际市场、辐射中部内陆的对外门户。铁公空水路交通联动发展，成为面向全国的综合交通枢纽。一批国家战略性产业崛起，武汉成为掌握“国之重器”的国家战略性产业基地。在此基础上，魅力文化之都和生态宜居之城将持续提升城市竞争力。依托“大武汉”、“大设计”的产业基础，武汉结合人才优势，文化创意产业加快发展，成为国家文化创意中心。通过保护城市的文化传统和历史空间，深入挖掘文化要素和文化资源，武汉将成为兼有文化内涵与时代特征的国际文化都市。① 未来若干年，武汉工业产业将在结构优化、布局合理、区域协调的基础上，形成以大型企业和优势产品为龙头，中小企业和配套产品为基础，产业链完整，企业集群发展的新格局，而这种新格局的形成，大量需要的是应用型的人才。教

① IUD 中国政务舆情监测中心. 着眼 2049：武汉谋定一流世界城市格局[J]. 领导决策信息，2013(14).

育的发展必须与社会政治、经济、文化相适应，作为地方举办的本科高校，应当首先面向地方培养应用型专门人才。应用性教育是一个比较宽泛的概念，这类教育不是以认识世界为主要目的，而是以改造世界为主要目的。① 实施“三性”教育，通过教育理念、范畴层次、院系设置、教师队伍、专业类型、培养模式和课程模式的创新，协调大学与新兴产业和行业的关系，确立大学在地方经济社会发展中的定位和地位，寻求内涵上的突破和提升，可以有效地协调教育与经济社会发展的关系。因此，实施“三性”教育，培养具有创新精神和实践能力的应用性人才，不仅是高等教育由精英教育向后大众化教育转变的产物，更是地方本科高校应对地方社会经济发展的客观需要，也日益成为全国各地城市建设和发展的共识。

三、“三性”教育符合当今世界高等教育发展趋势和潮流

“三性”教育的国际性是高等学校的根本属性之一。有学者考察大学的历史起源发现，鉴于高等学校作为高深知识创造与传承的重要场所和知识的普遍性、无国界性，大学自诞生之日起便是作为一个国际机构设立的，教学使用一种共同的语言，师生来自欧洲不同国家，而且发挥了国际性的影响。它的师生回国后纷纷创办了本国的大学，这其中便包括被视为中世纪“欧洲大学之母”的巴黎大学。② 当我们考察国内外高水平的大学，发现它们有一个共同特点，就是都非常注重学校的国际化。目前美国大学培养着45万名来自其他国家的学生，雇佣着来自世界各国的教职员工，其大学教师有50万专职的学者和科学家。多数研究型大学的教授，参与着许多国家的教学与科研工作，在国际体系中发挥着重要作用。③

我国地方大学当前面临很多困境，诸如，教育需求与资源配置不足的矛盾，先进教育理念与传统大学体制机制的矛盾，等等，实

① 潘懋元. 新建本科院校的办学定位与特色发展[J]. 荆门职业技术学院学报，2007(7).

② 万圆. 论大学的国际性[J]. 煤炭高等教育，2011(3).

③ 万圆. 论大学的国际性[J]. 煤炭高等教育，2011(3).

际都可以通过推进高等教育国际化，找到突破困境的有效途径。追求大学的国际化发展，培养国际性人才成为各国大学的改革主旨之一。高水平国际性人才是具有国际视野、通晓国际规则，能够参与国际事务与国际化竞争的人才，其核心标准是创新。通过大学的国际化实现跨越发展有许多成功案例。如青岛大学通过大力实施高等教育国际化迅速提升办学水平，该校早在 2001 年已与美、英、德等 40 个国家和地区的近 60 所高校建立了互派学生、合作科研的交流合作关系，与近 20 个学校签订了姐妹学校协议。有 1326 人次出国访问、讲学、合作研究、进修或攻读学位，学成归国的教师达 89 人。学校与海尔、海信、美国微软中国公司等国内外著名企业集团建立了研究项目、技术开发、管理战略等方面的合作。中德美跨文化研究、山东-巴伐利亚教育合作等项目已成为学校的“国际名牌”。① 进入新世纪以来国际性更加成为世界高等教育发展的趋势，各国越来越多的大学通过不断拓展国际性模式、增加国际性基本因素、促进师生全球性流动等提升自身国际性水平。

目前世界高等教育发达地区如欧盟尽管成员国已在教育质量保障方面取得较大成绩，但提出仍须进一步改革，其目标是通过推动建立教育质量标准，鼓励多样性并促进就业。同样，我国随着高等教育进入后大众化步伐加快，地方经济社会发展客观上要求加快改革，当前我国高等教育综合改革的任务之一，就是以促进人的全面发展和适应社会需要作为衡量人才培养水平的根本标准②，深化本科教育教学领域综合改革，建立健全具有中国特色、世界水平的本科人才培养质量标准体系。体系应主要通过三个维度来建立健全：一是建立“国标”，按照新修订的本科专业目录，制定实施 92 个本科专业类教学质量国家标准；二是建立“行标”，会同相关部门、科研院所、行业企业，制定实施相关专业人才评价标准；三是建立

① 毕华德，刘国良. 青岛大学眼睛向外提升办学水平[DB/OL]. http://edu.enorth.com.cn/system/2001/08/13/000113923.shtml,2001-08-13.

② 教育部关于全面提高高等教育质量的若干意见[J]. 中国高等教育，2012(6).

“校标”，每所高校根据国标、行标和学校实际，制定实施各专业的人才培养方案。① 作为地方高校自身也迫切感到制定自身标准的必要性。要科学定位，优化人才培养结构，避免同质化竞争，实现差异化发展。以“三性”人才为导向，确定办学目标、教育标准、培养规格与教学模式，成为地方大学彰显教育质量和办学特色的必由之路。

第三节 “三性”人才培养目标及其评价指标体系的基本构架

20 世纪 80 年代以来，世界高等教育进入了以提高质量为中心目标的时代，高校评估运动成为这一时期出现的最引人注目的发展趋势之一，世界各国相继建立的高等教育外部质量保障体系及其实践，将全球高等教育质量保障运动不断推向高潮。如盛行于欧美国家的认证、监控和评估等制度。② 虽然外部质量保障体系在促进教学质量提升方面取得了成效，但教学质量的内部关注和调控才是解决教学质量问题的根本性措施。因为大学自身才是教学质量保障的最终决定因素。研制“三性”人才培养目标是一件很复杂的工作，它涉及如何界定质量标准问题，同时高等教育质量标准的实施应有多元化的评价主体，不是高等学校能够独立完成的。以培养目标为核心的高等教育质量标准，从宏观到微观至少有四个层级。第一级是高等教育目的或教育方针；第二级是不同层次、不同类型高等教育培养目标，它规定了同一层次或同一类型高等教育培养人的规格要求；第三级是专业培养目标，即在专业领域内对专门人才的具体要求；第四级是课程目标和教学目标。③ 本书在此介绍的相当于第二层级本科层次应用型高等教育培养目标。

---

① 刘贵芹. 推动高等教育内涵式发展 提高本科人才培养质量[J]. 重庆高教研究，2013(1).

② 秦炜炜. 大学教学支持服务体系发展研究[D]. 南京大学，2011.

③ 朱振国. 大学，你的质量怎么量？[N]. 光明日报，2011-09-19.

其基本构架如下：

一、应用性人才培养目标考核指标(权重)

(一)培养质量

三级考核指标(权重)主要有：外语四六级、雅思、托福、GRE等过级率；学生竞赛获奖数；荣誉学生数；就业(不含考研学生)率；考研率；省级及以上优秀学位论文数等。

(二)教师队伍

三级考核指标(权重)主要有："双师型"教师队伍数量、结构；聘请校外具有丰富实践经验的兼职教师数；实施兼职教授、客座教授、项目教授和访问学者制度等。

(三) 教学过程

三级考核指标(权重)主要有：实践教学基地建设情况；综合性设计性实验的比率；毕业论文(设计)环节直接将地方经济社会发展问题作为选题情况；应用性教材建设情况；与企事业单位联合办专业或开设课程情况等。

(四)教学研究与改革

三级考核指标(权重)主要有：教师教研立项数及与地方需求契合度；教师发表教研论文数；教师获得教学成果奖数；教材选用模式改革情况；考试环节改革情况等。

(五) 质量工程

三级考核指标(权重)主要有：国家、省级教学名师、精品视频公开课程、特色与品牌专业、教学团队、基地等数量等。

(六)服务社会

三级考核指标(权重)主要有：与企业合作有稳定的合作研究、

开发机构及成效；为企业或社会组织提供人员培训、咨询；向所在城市及区域企业转让技术、提供管理咨询情况与成效等。

(七)校友工作

三级考核指标(权重)主要有：捐赠率；提供实习岗位率；提供就业岗位率；成果数量等。

二、创新性教育人才培养目标考核指标(权重)

(一)教育教学

三级考核指标(权重)主要有：实施创造教育模式“SSR模式”——自学(Study Independently)、课堂讨论(Seminar)和科学研究（Research）三种形式教学的数量、比例；实行通识教育改革；创造教育教学方法改革，等等。

(二)科研项目

三级考核指标(权重)主要有：科研经费(万元)；纵向科研项目数；科研投入-产出比；知识产权申报件数，获授权件数；知识产权通过技术转让合同转化的合同数件数，等等。

(三)科研成果

三级考核指标(权重)主要有：公开发表论文数，国内外权威、重要期刊论文数；各级科研获奖数；专著、译著、专利、软件著作权等。

(四)学术交流

三级考核指标(权重)主要有：参加国内外学术会议数；举办国内外学术会议数等。

(五)创业就业

三级考核指标(权重)主要有：毕业生自主创业的比例；毕业

离校时创业率、毕业后1年内创业率、毕业后3年内创业率；毕业生自主创业的地区及社会贡献；毕业生自主创业的行业和职业特点。毕业生创业收入：1年内不低于就业学生平均薪资、3年内高于就业学生平均薪资比例。毕业生创业的稳定性：1年内创业企业成活的比例50%、3年内创业企业成活的比例20%的人数。毕业生自主创业类型：科技创业比例、服务创业比例等。

三、国际性教育人才培养目标考核指标(权重)

(一)国际教学交流

三级考核指标(权重)主要有：学生有海外游学经历(3个月及以上)人数；国际合作教学项目数；学生国际合作培养人数；国际学生接受学历教育人数；国际学生接受短期培训人数；国际学生国别数；建有国际化的专业课程体系；拥有国际化课程数(与国际接轨课程，采用全英文授课)；建立国际性虚拟大学提供学位课程数；拥有国际化培养项目数等。

(二)国际科研合作

三级考核指标(权重)主要有：科研成果涉及国际合作的数量、比例；以本校研究者为主发表研究论文中涉及国外合作者的数量；本校研究者被国外招收为国际研究人员的人数；国际合作科研项目数；发表成果被国外引用数等。

(三)教师队伍国际化

三级考核指标(权重)主要有：教师外籍人数、分布国家地区；教师了解国际学生来源国的不同教育体制和教学方法人数；派教师到国际学生的主要来源国去学习和研究对方的文化及教学方法人数等。

鉴于“三性”教育评价活动分为内部评价和外部评价，内部评价又包括自评和专业评价。自评主要是教学单位及师生对自己的阶段性成果进行自我陈述，将自评报告上交形成反馈意见供参考。专业评价是由专业评审成员组成的评审机构，对教学的各环节进行评审，对其现状和存在的问题以报告的形式形成反馈意见。外部评价即社会主体对人才培养活动的评价。主要包括：学生家长、学生实习单位和毕业生就业单位等。学校与该主体建立长期固定的联系，通过对该群体的追踪调查，收集信息反馈，形成调查结果。① 依据高等教育教学规律，定量分析结果与定性研究判断有机结合，对评价体系作出解释和分析，使之不断完善和优化，从而有效保证评价指标体系的科学性。

大学通过内部组织变革来回应社会对高等教育规模扩大和质量滑坡批评最有效的措施就是不断加强内部质量控制。高校内部教学质量标准及其保障体系建设是地方高校教学质量管理的基础工程，教学质量标准对保障本科教育质量具有重要的作用，理论框架建设对于各自的本科教学质量保障体系十分重要，可在此基础上分专业定期修订培养目标，建立本科教学质量准则和本科教学最低控制质量标准。在总结各自本科教学管理实践的基础上，运用理论框架建设各自的本科教学质量保障体系，这样的体系应当充分体现各校不同的办学定位和传统与特色。由此可见，“三性”教育是一个标准逐步完善、实践不断推进和逐步深化的过程，地方高校应把“三性”教育纳入学校教学改革重要议事日程，加大经费投入，建立与完善“三性”教育师资队伍及课程体系，打造开放性“三性”教育硬件共享平台，加强条件保障支持和制度机制等环境建设，通过对学校整个教育体制、教育内容、教学方法的全方位改革，为不断提升人才培养质量创造条件。

① 刘国利，刘石磊，张影. 创新型法学专业人才培养评价体系构建[J]. 黑龙江省政法管理干部学院学报，2010(6).

第七章　城市综合大学人才培养创新模式研究①

随着我国城市化进程的加快，转型、跨越已成为城市经济社会发展的主题，中心城市大力提升核心竞争力客观要求高等教育多样性发展，副省级城市综合大学人才培养模式改革的迫切性更加凸显，如何有效建立与城市经济社会发展和人才成长要求相适应的人才培养模式，成为当前地方高等教育发展的重要课题。

第一节　当前我国副省级城市发展迫切需要综合大学创新人才培养模式

所谓人才培养模式是在一定的教育思想指导下，为实现理想的培养目标而形成的标准样式及运行方式。它既是教育思想、教育理念的具体化，同时又具有可操作性，但它又不是具体的技术技巧或实践经验的简单总结。② 当前我国城市综合大学人才培养模式亟待改革的依据在于：

(1)专业培养与市场供求失衡。据对我国 15 所副省级城市大学专业数据调查显示：开设专业为 31～40 个的高校有 2 所，41～50 个专业的高校为 6 所，51～60 个专业的高校为 4 所，60 个以上专业的高校有 3 所。③ 高校间专业设置同质性明显，部分高校专业设

---

① 张丽萍，负翔悦. 原载《2012 管理创新、智能科技与经济发展研讨会论文集》，2012-08-25，经过作者改动.

② 刘献君，吴洪富. 人才培养模式改革的内涵、制约与出路. 中国高等教育[J]. 2009(12).

③ 数据来源于各城市综合大学校园网.

置缺乏对市场的适应性，特色缺失。

(2)培养模式与现实要求错位。在我国高等教育步入后大众化的今天，一些高校仍沿袭精、尖、深“窄口径”的精英教育模式，课程设置“重理论，轻实践”，“校企结合”名不副实，人才培养模式滞后于社会的发展需求，没有随着社会发展而调整，使人职匹配产生错位，形成了结构性就业矛盾。“高校人才培养模式的固化、单一和同质性不利于学生个性发展。”①

(3)实践环节与行业需求匹配度低。对用人单位调查显示，63.2%的单位看重大学生在校期间的实践。一项针对大学生的调查显示，72.2%的大学生参加过社会实践，其中从事家教、推销、文员、其他和未选分别占参加过实践学生总数 22.7%、29.6%、6.4%、12.6%和 28.7%。可见大学生的社会实践活动过于简单，与行业工作岗位所需能力匹配度低，甚至与专业知识无关，不利于专业实践知识、技能的获取和大学生就业技能的提高。②

(4)知识创新和教学评价陷入误区。一些高校的教学内容仍然普遍以传授知识为主，教师周而复始地讲述书本知识，思路狭窄，创造性不强；高校对学生毕业、学位、评优、评奖等评定的重要权重是课程成绩，核心是考查学生掌握理论知识情况，这种导向促使学生只关注课程成绩，思维滞塞，缺乏质疑的品质。

对美国高技术与城市发展转型的研究显示，高技术的成长过程正是城市的建设过程。在这些城市成长为全球经济新中心的历程中，教育在提升城市竞争力中的作用得到了空前的张扬和极致的彰显。教育直接承担着新型城市发展动力源的角色，为城市的新型发展路径提供了充足的人才支持。它们正在证明，教育优势具有影响城市竞争力的属性。③ 我国 15 所副省级城市综合大学，在我国地

---

① 马廷奇，史加翠. 创新人才培养与大学人才培养模式改革. 现代教育科学[J]. 2011(5).

② 胡同泽，寸家菊. 大学生专业能力与职业需求差异调查. 人才开发[J]. 2008(2)

③ 袁振国，田慧生，中国都市教育竞争力研究[M]. 北京：教育科学出版社. 2011：58.

方高校中所占的比例虽不到2%，但由于所在城市均是区域发展政策的中心城市与核心地带，囊括了我国经济发展的所有龙头地带，如长三角、珠三角、闽南三角洲(海西开发区)等，以及西部大开发、中部崛起、东北老工业基地振兴等地区。① 它们中有9所处于我国沿海经济开放带，这是我国经济社会发展的发达地区，也是要率先实现基本现代化的地区，6所也分布在我国改革开放的重要区域上。② 城市综合大学在我国经济社会发展各种区域性战略和地方大学中具有很强的代表性。研究创新城市综合人才培养模式，既是适应我国副省级城市对人才需求变化的要求，也是我国高等教育多样化和特色发展的需要；既是城市综合大学主动服务所在城市乃至区域发展的要求，也是城市综合大学赖以生存和实现可持续发展的关键所在，因而对于加速所在城市乃至地方大学提升人才培养质量具有十分重要的意义。

第二节　我国城市综合大学创新人才培养模式的探索

"十一五"以来，我国副省级城市处于产业大发展、改革大推进、城市大建设，经济社会发生新的历史性变化的重要时期，副省级城市综合大学为更好地服务地方，提升办学水平，在创新人才培养模式方面进行了积极的探索：

一、政产学研宽领域合作人才培养模式

以江汉大学为例，该校面对城市产业结构、生产方式、生产水平以及生活水平的不断变化，新行业、新工种不断涌现的新情况，紧紧围绕培养具有创新精神和实践能力高素质应用型人才的目标，

① 储著斌. 城市大学科学发展的理论观照与实践探索——以全国十五所副省级城市综合大学为例[J]. 长春工业大学学报(高教研究版)，2012(3).

② 储著斌. 城市大学科学发展区域环境浅析[J]. 黑龙江教育(高教研究与评估)，2012(5).

实施政产学研宽领域合作人才培养模式。第一，推进校企、校政合作。学校先后与东风本田汽车有限公司、武汉中博生物股份有限公司、武汉地铁集团等10多家大型企业联合开展相关专业人才培养工作；与武汉经济技术开发区、武汉东湖高新技术开发区、武汉化工新区、武汉市民政局、农业局等政府部门签订战略合作协议。政府、企事业单位、行业专家共同参与学校确定专业人才培养目标、人才培养规格，共同制定人才培养方案，共同开发课程，共建实验室及实习实践基地，共建“双师型”教师队伍。第二，推进校校合作。学校与华中师范大学、武汉理工大学等重点高校联合办学，同时加入湖北省高校师范联盟，学生可以辅修重点高校和联盟其他15所高校的专业、攻读上述高校的双学位或第二个学士学位，选修其课程，享受实验室、图书馆和教学基地等优质教育资源。第三，推进国际合作。学校与德国伍珀塔尔大学、芬兰汉斯大学、德国汉斯-赛德尔基金会、斯图加特双元制大学在机械制造及其自动化、工商管理等多个专业开展合作办学，通过“2+2”分段培养，学生2年在国外学习发达国家高水平大学专业课程，获得国际先进水平的专业教育和技能训练；引进国外优质课程、教材、教师，教学和考试方法，开展双语教学，为学生交叉复合培养提供了良好的平台。第四，积极推行“学历文凭+资格证书”的多证书制度，实施职业技能培训达50多种，提高学生技术应用能力和就业竞争力。

二、学科交叉和产业发展复合型人才培养模式

杭州师范大学根据电子商务产业发展格局和企业对创新人才的需要，以阿里巴巴商学院作为学校教学改革试验区。突破传统电子商务格局分类，架构了电子商务基础环境、电子商务服务支撑、电子商务服务管理和电子商务应用的四层新格局，提出了电子商务服务和网络服务创新等基本理念。从多学科交叉和产业发展视角，以培养创新能力和专业应用能力为目标，重新架构了面向电子商务产业发展的应用创新型人才培养专业课程体系。在教育部高等学校电子商务专业教指委电子商务知识体系基础上，重新架构了电子商务本科教学专业规范，较好地体现了电子商务的应用性和创新性，在

人才培养创新方面，充分发挥校企合作的特点和优势，树立“国际视野、创新精神、实战能力和社会责任”的网络商务人才培养工作目标，积极探索与企业合作教学、交流机制的建设之路，引入企业创新体系，完善四年一体化实践教学体系，强化实验室创新能力培养的功能。以校企合作为特色，以学科建设为基础，努力构建有影响、有特色的高水平专业教学平台。在人才培养手段、教学方法和教学资源方面开展多层次的深入合作，取得了良好的教学效果。将信息科学与工程学院、杭州国际服务工程组建新学院，全面推进、重点开展培养方案和教学计划的优化，实施体现“按类培养、专业分流、企业分流”的培养模式，注重与国际服务外包人才需求方向接轨，强化实践实训，特别是强化外语应用能力与计算机应用能力培养，重视学生个性化发展与职业生涯规划，从基础理论、专业知识、实践技能、前沿技术、人文素养、团队精神和创新能力等方面全方位提高学生的素质和能力。

三、基于学生个性发展层多模块人才培养模式

广州大学从2005年起顺应广州市文化体制改革的潮流，以广州市将广州芭蕾舞团、广州歌舞团划归该校为重要契机，实施“院团结合”艺术人才培养模式的探索和创新实验区建设。一是变单一的教学主体(大学)为多个教学主体(两团一校)，把音乐舞蹈学院和“两团一校”打造成为共同培养高素质应用型人才的载体与平台；二是加强学科交叉、院团渗透，构建以实践取向的综合培养方式为基础，集创作、表演、教学、科研、交流、培训、艺术实践等为一体立体化结构的产学研互补系统；三是充分利用“两团”表演人才的专业教学资源，设置“平台+模块”课程结构，进行课程体系和内容方法的改革；四是实施“两团”高职称、高学历人员的职称聘任工作，与学院相关教师联合组建艺术实践课程指导组，开展创新教育；五是整合“两团一校”物质资源，使“两团一校”各自分散的物质资源发挥最大效益。通过这种人才培养模式创新实验区，为艺术人才教育发展找到最佳结合点，推动了区域经济社会发展需要的“厚基础、宽口径、强能力、高素质”的应用型艺术人才培养。宁

波大学设计并实施了“平台+模块”的课程结构体系，将相同或相近学科门类的专业归并成学科大类，每个专业又根据不同应用领域设置若干专业方向，形成了学科大类、专业、专业方向逐层包含的递进结构。依据这一思想，培养方案的课程结构体系设计成由通识教育平台、学科教育大类平台、专业教育平台、专业方向模块以及创新创业训练计划组成的“平台+模块”结构，使学生对学校的教学资源拥有一定的选择权，自主成才。①

四、科技、艺术多平台互动创新人才培养模式

创业素养、原创精神、求真渴望是创新人才产生与成长所需要的三大重要元素。这三大要素的培养需要教育中将科技和艺术有机结合，通过这一过程把不同学科的知识和技能很好地结合起来，应用到学习实践。多平台互动科技、艺术创新能力培养模式主要体现为学科竞赛、科技及艺术创新、服务社会三平台有机结合。其模式主旨在于以社会需求为牵引，着力提高服务能力；以学科竞赛为抓手，练就过硬科技创新能力；以科技、艺术创新为根本，着力开发创新成果，构筑高校、学生和社会三者共赢平台，实现人才培养和社会需求的无缝对接。江汉大学现代艺术学院在基础教学和实践教学等领域进行大胆探索，为学生搭建设计基础课程平台，尝试让学生选修 20 学分的跨专业课程；整合多门课程资源，推行“平行班授课”教学模式；强调课前学生调研，鼓励学生共同研究课题，将实践采风课程与专业课程对接，实施“设计思维”、“中国传统装饰艺术”等课程改革，引导学生关注社会生活，着力培养艺术创造能力、自主学习能力，为学生创造更多实践机会。在加强课堂教学的同时，邀请国内在该领域有影响的专家学者进校开辟第二课堂，提高学生的艺术鉴赏力、艺术感受力、艺术创新力，最大限度地满足学生成长成才的需要。学校艺术设计专业在武汉大学中国科学评价研究中心发布的《2011—2012 中国大学及学科专业评价报告》中，

① 方志梅，赵伐，李慧仙，马敬峰. 把成才的选择权交给学生——宁波大学人才培养模式改革探索[J]. 高等工程教育研究，2009(3).

被评价为专业竞争力5★专业，这是15所副省级城市综合大学在该年度专业评价中获取的专业竞争力最高的2个5★专业之一。

五、创业园区创新创业及应用性教育模式

深圳大学致力于学生创新意识的培养，大力弘扬学生的自主创新精神，积极探索“以创业带动就业”的应用性教育。从2008年启动学生创业园建设，至2012年，学校共投入500万元设立学校创业基金，重点支持科技创新项目及有市场潜力和竞争力、有特色和创意的其他项目。创办的创业园占地面积达2000平方米以及洽谈室、阅览室等公共配套设施，可供30余个学生企业入园孵化，为有志于创业的全日制本科生(大四)、硕士生、博士生开展创业活动提供平台。学生创新项目每年申报1次，学校聘请投资、技术、法律、管理、财务等方面的专家组成非常设项目评审委员会，对学生创新项目的团队现状、创新性、市场前景和可行性等进行综合评议和选拔，就申请入园项目的市场前景、技术可行性、投资风险、效益、所需资金等提出指导意见。至2012年，创业园共资助了60余个学生企业项目，以企业运营成本报销方式支付每个项目获无偿资助3万~10万元。① 为配合学生创新创业实践，学校常年开设创业指导课程，举办创业沙龙等方式启蒙学生的创新创业意识；邀请城市主管就业人士、创业成功人士和校友传授创业经验；举办创业者集训营为学生创新创业群策群力，提供学习交流机会。创业园还秉持“精致管理、精致服务”理念，通过购买社会服务、提供创业信息资讯和企业咨询等提供多样化延伸服务，切实有效地提高学生创业的成功率。截至2011年年底，校创业园区企业销售总额达到7200万元，学生创业园“以创业带动就业”成效初显，至2012年创业园资助企业共创造就业岗位440余个，解决180名应届毕业生就业，中央电视台、中国新闻网、人民网等十余家媒体都对该校大学生创新创业的经验进行了报道，产生了广泛的影响。宁波大学实施

① 邵红，肖引，张丽萍. 城市大学蓝皮书：十五副省级城市综合大学发展报告2012[M]. 湖北人民出版社，2013：186-191.

后20%帮扶计划，攻克学生就业难点，成效显著，毕业生就业率及对母校的满意度在该省本科院校中名列前茅，中央电视台《新闻联播》两次对该校实施后20%帮扶工作成效进行了报道。①

第三节 深化城市综合大学人才培养模式改革的有效策略

“十二五”时期是我国应对国际经济格局调整的挑战、保持经济社会平稳转入科学发展轨道的重要时期，国家经济发展方式的转变和经济社会全面协调发展以及社会转型更加突出了高等教育的战略作用。城市综合大学在“十二五”推进学校新一轮发展中必须更加凸显大学的人才培养功能和社会服务功能，进一步深化人才培养模式改革，肩负起时代赋予城市综合大学培养人才和服务社会的双重任务。

一、要把创新人才培养模式与城市综合大学协同合作交流模式的构建有机结合起来

转型发展是国际国内分工的一次深度调整，开放合作是促进这种调整的重要途径。城市综合大学全面提高教育质量是一项复杂的系统工程，其中一项重要任务就是着眼于深入实施国家教育规划纲要，突破制约高等教育科学发展的体制机制障碍。教育部提出要建立“开放、集成、高效”协同创新机制的要求，随着2010年我国15所副省级城市综合大学联席会议机制的建立，城市综合大学的合作交流已进入崭新发展阶段。城市综合大学的崛起需要协同推动，转型难题需要协作化解，跨越愿景需要共同创造。城市综合大学要进一步加强合作机制建设，变几方积极性为全体成员高校的共同意志，积极参与协同合作交流模式构建，有步骤、有针对性地解决影响成员高校合作的实际问题，秉持优势互补、互利共赢宗旨，在协同发

① 邵红，肖引，张丽萍. 城市大学蓝皮书 十五副省级城市综合大学发展报告2012[M]. 湖北人民出版社，2013：191-192.

展的战略框架下，进一步扩大副省级城市综合大学开放，加快推进成员高校在教学、科研、学科建设、师生互派等方面破除行政区域壁垒，每年在促进成员高校重要因素流通以及优化资源配置、信息共享等方面办好惠及各成员高校师生的实事。通过创新教学科研合作发展机制，形成健全高层对话、中层协调、日常联系和衔接的制度，推进人才培养、科学研究重大项目对接、重大事项合作、重大政策协调，密切、强化城市综合大学间的联系，促进相互渗透、融合发展，以整体力量共赢发展空间，提升城市综合大学整体竞争力。

二、要把创新人才培养模式与城市的互动发展有机结合起来

应对转型发展这一城市经济发展方式的深刻变革，创新成为推动这场变革的强大引擎。城市综合大学要从区域经济社会发展的高度，大力推进与城市的良性互动，建立服务城市发展的问题解决机制，结合创新人才培养模式的需要，抓紧启动一批带动力强、牵动全局的重要项目，把重点放在服务城市战略性新兴产业、先进制造业和现代服务业领域的分工与合作上，以加快科技成果转化为突破，大力实施自主创新综合试验区和教育综合改革实验区建设，力争取得更多的科技、产业、人才和改革成果，为城市努力挖掘增长潜力，释放增长能量，提升经济发展水平贡献力量。持续通过城市综合大学改革创新、开放带动，破瓶颈、解难题，为城市着力构建现代产业支撑体系、新型城镇化支撑体系、区域自主创新支撑体系、现代化综合交通支撑体系、人力资源开发支撑体系、体制机制支撑体系、开放型经济支撑体系、文化支撑体系、资源环境支撑体系、和谐社会支撑体系提供支撑服务，推动城市转型和跨越发展。通过创新人才培养模式，着力营造有利于创新、有利于开放、有利于城市综合大学全面协调可持续发展的良好环境。

三、要把创新人才培养模式与城市综合大学跨学科人才培养有机结合起来

创业型大学十分注重跨学科培养人才，在制订教学计划时，校

方要求各学科专业必须在相应的基础课程配置中，兼设跨学科的相关课程，促进不同学科间的交叉和融合，使学生在打根基时就有一定的跨学科能力，鼓励研究生在研究之初便学习以跨学科的方式思考问题，与科学和研究实践相协调的人才培养模式，克服了学科之间的界限，推动了跨学科的合作。① 城市综合大学要学习德国创业型大学注重跨学科培养人才的经验，充分利用身处所在城市、又为所在城市举办的其他大学不可比拟的资源优势，加强应对城市经济社会发展学科建设研究，抓好学科建设与所在城市生产力布局、产业升级、生态保护、基础设施配套等方面的对接，创新服务产业合作发展机制，立足学科专业与产业，建立学科—专业—产业链，以城市需要的学科结构及其学科群人才培养为特色，依托学科理论基础厚实和科技成果转化程度高的优势，密切与行业企业的合作，深化教学、科研、生产的相互渗透；以行业需求为导向，优化学科专业结构；以产学研合作教育为平台，使人才培养与社会需要无缝对接。要紧密依托行业和地方政府与企业，建立产学研密切结合的运行机制。以创新“基地”为中心，加强学生在实习中的能力培养。以服务城市的学科建设成果推进产业转型升级，促进区域经济一体化、区域整体竞争力和学校办学水平的提升。

四、要把创新人才培养模式与城市综合大学多方面教学改革有机结合起来

继“洪堡革命”提倡教学与研究相结合之后，如今教学活动又受到第二次冲击，它被要求必须让学生在“真实世界环境”中运用和检验他们的学术知识，以解决实际问题为内容的教学成为创业型大学的重要课程特色。② “坚持教育为社会主义现代化建设服务，

① 吴伟，邹晓东，陈汉聪. 德国创业型大学人才培养模式探析——以慕尼黑工业大学为例[J]. 高教探索，2011(1).

② 李世超. 大学变革的趋势——从研究型大学到创业型大学[J]. 科学学研究，2006(4).

为人民服务，与生产劳动和社会实践相结合。”①当前，城市综合大学要加大与地方产业部门、事业单位的深度合作，面向市场，面向产业，采用与城市发展紧密结合的产学研办学模式，根据城市经济社会发展需要积极推进课程建设改革，加大课程计划调整并与产业界、事业单位、政府部门等的沟通合作，不断调整自身课程结构、教育模式以适应产业的最新发展，使人才培养更有针对性、适用性。以优化课程结构为重点，为学生构建合理的知识、能力和素质结构，有计划地引进国际上先进而又适合我国城市人才培养需要的课程体系及相应教材，重点突破实践教学环节。要引入社会科学评价标准对城市综合大学的学科、专业、课程进行评价，将其与地方经济社会结合的紧密度、科研成果产业化的程度、服务地方经济社会发展的水平等作为评价的重要依据。要引入实践导向作为对学生毕业、学位、评优、评奖等评定的重要权重，“着力提高学生服务国家服务人民的社会责任感、勇于探索的创新精神、善于解决问题的实践能力”，以更好地推动城市综合大学知识与经济的结合，在服务城市经济社会发展中不断提高人才培养质量。

五、要把创新人才培养模式与学生个体的创新创业实践有机结合起来

推进大学生创业，不仅有利于解决大学生的就业问题，而且可以较好地推进社会经济发展；从更深层次上来看，大学生创业是国家可持续发展的原动力。目前，大学生创业具有主要依托家庭资源及其人脉关系进行创业；创业激情有余，实践不足；对创业的认知较为狭隘；对各类创业扶持政策的了解程度较低；创业的领域较为狭小，创业质量普遍不高；创业的人员构成较为单一，等等。② 大

① 国家中长期教育改革和发展规划纲要(2010—2020 年)［J］. 评价与管理，2010(9).

② 谭仁杰，赵兴，张丽萍，等.《促进在汉大学生创业的机制与对策以江汉大学为例》研究报告［R］. 武汉市科技局软科学项目（项目编号：2014040606010291）. 2015.

学生创新创业面临诸多问题：缺乏团队凝聚力、资金拮据和生计压力、缺乏经验、缺乏人脉资源、管理能力欠缺、专业知识匮乏、市场开拓难度大、家庭反对等诸多压力，其背后是高校创业教育滞后，针对性不强；金融支持力度不够，创业资金捉襟见肘；政府的创业政策落后、不完善，对大学生创业项目的引领和指导不力；尚未建立大学生创业的风险管控机制，等等。要解决这些问题，首先，转变择业思想观念是实施创业活动的先导，它在创业实践中起引领创新的作用，是引领大学生自主创业的根本动力。要从城市全面实施创新驱动发展战略、加快推进国家创新型城市建设的高度充分认识大学生自主创业的重要作用，更新思想观念，切实加强大学生创业工作的领导；二要加快建立完善有利于创新创业的机构、系统和制度等机制，协调各因素、各环节之间的相互关系，它涉及政治体制、法律制度、经济运行、文化教育等社会各个层面复杂系统，形成进一步完善鼓励创业动机的政策环境。三是要在继续深化高等教育综合改革，完善人才培养质量标准，普及创新创业教育，加强大学生创业特质教育培养，形成一批可复制可推广的育人成果。四是推广"天使投资+孵化"、"创业培训+孵化"、"服务平台+孵化"等模式，加快形成全创新链覆盖、全创新要素集聚、全开放式的新型孵化体系；强化大学生创业俱乐部和实践基地建设，建立大学生自主创业智库和平台。五是加强和引导大学生有效规避创业风险，加大对大学生自主创业的资金支持和服务力度，为大学生创新创业提供不竭动力。

第八章　城市综合大学构建协同创新机制研究

合作共赢是当今世界高等教育发展的趋势和潮流，也是我国各类高等学校实现大发展所面临的共同机遇。2011 年 4 月，胡锦涛总书记在清华大学百年校庆大会上发表了关于“积极推动协同创新”的重要讲话，教育部、财政部已启动实施“2011 计划”，各地区、各部门出台了提高科研机构内部创新活动协调集成能力的政策，为建立产学研结合新机制进行了积极探索。城市综合大学是区域创新体系的重要组成部分，它作为我国普通高等教育发展的新模式和城市发展的生力军，与同类和其他创新主体的协同发展，能为城市自身乃至区域创新活动提供重要的支撑性服务，有利于促进知识向产业和社会其他主体快速流动，更大程度提升资源效率，加速成果转化，建设创新型国家。2010 年以来，副省级城市综合大学在积极争取地方政府、行业支持的同时，着眼于协同创新积极搭建合作交流平台，为促进城市综合大学的互动发展发挥了重要作用。但在实际过程中尚未形成健全的机制，有的共建合作模式一定程度上还停留在文本阶段。如何通过体制机制转换实施协同创新，进一步拓宽合作渠道，形成全方位、高层次、多领域的开放办学格局，引进优势，互补合作，共同探索提升办学水平、彰显自身特色的新路径、新模式，是城市综合大学当前面临的新课题。

第一节　推进协同创新对于城市综合大学发展具有重要意义

20 世纪初期，美国经济学家熊彼特(Joseph A. Schumpeter)在其代表作《经济发展理论》首次提出了以“创新”为核心的经济理论，创立了创新经济学。他认为，“创新”是把一种从来没有过的关于生产要素和生产条件的“新组合”引入生产体系，创新处于经济变革的核心位置。①“协同论”的创始人哈肯认为，协同(Snergy)是系统的各部分之间相互协作，使整个系统形成个体层次所不存在的新质的结构和特征。协同在本质上就是打破资源(人、财、物、信息、流程)之间的壁垒和边界，使它们为共同的目标而进行协调的运作，通过对各种资源最大的开发、利用和增值以充分达成一致的目标。② 协同作为一种资源配置的方式，主要通过对企业有形资源和无形资源的共享方式创造价值。协同创新(Cooperation/Synergy Innovation)最初主要应用于企业，它是指企业创新相关要素有机配合，通过复杂的非线性相互作用产生单独要素所无法实现的整体协同效应的过程。③ 把协同创新应用于地方高等教育领域，在城市综合大学建立协同创新机制的重要性在于：

一、有利于共同探索服务城市区域发展路径

“十二五”时期，全球科技和产业创新发展正处于重大突破和新的调整变革的历史时期④，科技创新日新月异。国内外发展环境的重大调整和变化，使得城市加快发展既面临机遇，也充满复杂性和不确定性，需要高校解决更加综合和棘手的问题，如城市经济转型增长过程中日益出现的产业断层。如何在高科技背景下优化产业结构？城市创新缺乏丰富文化资源支撑等，又如备受关注的环境污染、水资源危机、食品安全等问题，不仅与老百姓的日常生活息息相关，也是不断困扰着各级政府部门的重要问题。由于城市综合大学在跨学科、综合性的创新研究体系中处于相对劣势，加之自身固

① 安同良，等. 长三角地区研发的行为模式与技术转移问题研究[M]. 北京：经济科学出版社，2011：13.

② 刘利民. 工业设计产业协同创新模式研究[J]. 企业活力，2011(1).

③ 刘利民. 工业设计产业协同创新模式研究[J]. 企业活力，2011(1).

④ 路甬祥. 深入实施“创新 2020” 引领带动中国科技跨越发展[J]. 中国科学院院刊，2011(3).

有不足，势必影响其服务地方水平乃至在区域创新体系中作用的发挥，这就需要城市综合大学加强同类联合，共同应对挑战。建立城市综合大学协同交流机制的价值来源于各成员高校的资源和能力的互补性和聚合性，其优势在于可以在不改变学校独立性的条件下，汇聚不同学校所拥有的高质量的资源和能力，通过资源和能力的充分使用和相互作用，产生协同效应，实现单个学校资源和能力系统所不能达到的目标，推动城市区域跨越发展。①

二、有利于突破体制障碍“集群”式发展

城市综合大学的管理体制大多数属于“省市共建、以市为主”。这种办学体制有它的优势，也具有先天的缺陷，如在国家制度层面没有这类地方高校的具体定位；同时在硕士、博士学位授予权方面，在争取科研项目等方面存在着不利于城市综合大学(甚至所有地方高校)的制度障碍；由于城市综合大学在一些发展环节处于尴尬的“夹心层”，使其不能从教育部和省级主管部门得到应有的资源，大部分城市综合大学面临资金不足、负债较多；有的城市政府对城市综合大学的人、财、物统得过多，使其不能很好地根据市场需求灵活设置专业和对外协同创新，影响学校正常运行和可持续发展。“2011 计划”的核心要义是打破国内高校等级层次，不限定身份，不固化单位，人员可进可出，中心可上可下，形式可多种多样，只要具备协同创新的基础、具有强烈的改革意愿、能够解决国家重大需求的均可参加。② 鼓励特色发展，为城市综合大学提供了弯道超越、特色发展的重大战略机遇，有利于突破高校特别是地方高校内部与外部的机制体制壁垒，改变城市综合大学“分散、封闭、低效”的现状，释放人才、资源等创新要素的活力。③ 通过协同创新模式，推动高校内部以及与外部创新力量之间创新要素的融合发展。

---

① 湛俊三. 地方高校战略联盟研究[D]. 湖北：武汉理工大学. 2008.

② 焦新. 积极推动协同创新 提高高教质量——教育部有关负责人就“高等学校创新能力提升计划”答记者问[N]. 中国教育报，2012-04-23.

③ 杜占元. 准确把握总体要求 精心做好“2011 计划”启动工作[J]. 中国高等教育，2012(6).

三、有利于共享资源实现利用最大化

资源是社会各个组织相互间沟通与联结的桥梁和纽带，成员高校组织拥有的资源包括人才资本、知识与技术等创新因素是合作组织成员凝聚、共同抵御风险和共创共享发展成果的前提。城市综合大学资源、创新力量不仅先天不足，而且由于自成体系，分散重复，整体运行效率不高。资源共享可以使成员高校的教育资源和创新力量发挥尽可能大的用途，在某种程度上缓解自身教育资源紧缺、力量单薄的状况。如某市出台有利于城市综合大学发展的政策，把这种政策资源借鉴放大到整个城市综合大学运用，有利于这类大学迅速崛起。又如从 2004 年 3 月开始，海尔与国美都抓住供应链资源和用户需求满意度这一切入点，实现全流程对接，国美参与海尔产品的设计开发，海尔参与国美的卖场促销，推倒企业与企业之间的“墙”，共同快速满足终端用户的需求。海尔与国美通过联网实现信息互动，海尔可以随时掌握在国美的不动销库存，海尔与国美的资源深度共享实现了营销投入的利用最大化。推进城市综合大学协同创新，资源共享，符合区域协调发展、和谐发展、科学发展的客观要求，符合学科融合交叉汇聚、转化转移加快、产学研用结合密切的特征，有利于降低交易成本，提高成员高校竞争优势。

四、有利于整体优化提高可持续发展能力

2009 年，我国普通高等学校总数 2305 所，地方所属高校占 95. 18%；高等学校普通本专科在校生总数 639. 49 万人，地方所属高校占 93. 06%。① 城市综合大学在地方所属高校中具有代表性，在区域创新发展中具有重要地位和独特作用，实施这类大学的协同创新，有利于处理好高校与外部环境的关系，使这类大学在高等学校强手如林的大环境下，更好地掌握话语权和主动权。近些年我国一些地区学习借鉴长三角地区技术市场的经验，但收效不明显。除经济与科技发展环境的差异外，政策力度、体系建设与长三角地区

① 蒋毅坚：创新人才培养是一项系统工程[DB/OL]. 中国教育新闻网，2011-12-09.

的差异是重要原因。协同创新与传统的科研合作相比有更深刻的内涵和更高的要求，第一，要使协同创新体之间创新的核心要素形成有机结合；第二，建立一个有效的载体，以利于形成协同创新的长效机制；第三，要通过协同创新真正形成创新的新优势。① 城市综合大学实施协同创新，能使这类高校在为城市发展服务的同时，取得同行业、同类城市产业及社会各界的支持，进而求得自己发展生态的优化与完善，谋取自身在社会发展中的地位，创造更大的发展空间，提高可持续发展能力。

国内外研究表明，技术创新是沿着“个体创新—联合创新—技术创新协同”的路线进行演变，集成创新的重要范式是基于供应链的技术创新协同。路甬祥②认为当前技术创新的特点是技术内容的集成化和实现主体的分散化。“开放、合作、协同”等趋势不仅日益成为科技创新的必然发展方向，也成为多种主体成功的发展模式，现实中那些具有更多协同经验或联盟管理手段的企业明显优于那些没有联盟管理能力的企业，移动电话、DSL 宽带上网、神经元计算机等许多促成技术飞跃和产业升级的成功创新，都有赖于多个创新主体之间的资源有效整合、集成和提升即通过协同创新模式完成产业化进程。在当前背景下城市综合大学要想在国内外高校激烈的竞争中占据主动，发展方式必须从传统的职能整合发展到创新协同，借鉴国内外大学联盟合作经验，实施资源共享和战略合作，促进高校创新水平的提高，降低管理成本和运行效率。因此，在城市综合大学实现协同创新具有重要意义。

第二节　国内外高校推进协同创新的主要模式及其实现条件

一、主要模式及其实践情况

综观国内外协同创新经验，较为成功的有美国硅谷产学研“联

① 杜占元. 准确把握总体要求 精心做好“2011 计划”启动工作[J]. 中国高等教育，2012(6).

② 路甬祥. 对国家创新体系的再思考[J]. 求是，2002(20).

合创新网络”，北卡罗来纳州三角科技园，日韩的技术研究组合和官产学研结合，芬兰、爱尔兰、瑞典等国协同创新网络联盟等。我国北京“中关村协同创新计划”，以产业链为基础，打造高新技术产业集群的企业标准联盟、技术联盟和产业联盟，引导和支持各类主体的协同创新活动，呈现出政府引导调控下外部需求驱动、参与各方内在利益驱动的两大运作模式。① 由于协同创新实现途径的不同，可将协同创新分为内部协同创新和外部协同创新两种。内部协同创新的主体是组织本身，其实现依赖于组织内在要素之间的互动；外部协同创新的实现主要取决于本组织与其他相关主体之间的互动。② 高等学校协同创新限于横向协同创新领域，主体分别是企业、大学，企业、大学和研究机构，企业、竞争者、大学、政府、社会服务体系，企业、大学、政府、金融机构、中介机构等，其协同创新包括思路、模式、机制及模型等方面，尽管其理论研究还比较零散，各种协同创新实践此起彼伏，已日益成为一种时代潮流。

（一）产学或产学研协同创新

2011年，青岛大学与青岛市政府、市科技局联合举办了首届青岛大学校企产学研对接活动，与软控股份有限公司、青特集团有限公司、青岛汉缆股份有限公司、青岛纺联控股集团有限公司、青岛众地集团有限公司、海利尔药业集团股份有限公司等知名企业联合成立了“青岛青大产学研中心有限公司”，与青岛喜盈门集团有限公司、淄博奈海管理咨询有限公司、康忠鑫先生成立了青岛康通海洋纤维有限公司。全年签署合作协议277项，合同金额累计6400余万元。该校被评为“山东省产学研创新突出贡献高校”。

又如，江汉大学组建交叉学科研究院，引进6名留法学者，打造高起点、高水准的集科学研究、科技创新、科技成果转化于一体的科研创新平台。建设了纳米生物医学工程中心等6个中心首席专

① 张力. 协同创新 意义深远[N]. 光明日报，2011-05-06.

② 熊励，等. 协同创新研究综述——基于实现途径视角. 科技管理研究[J]. 2011(14).

家工作室及配有远程视频系统的物联网实验室，推动重点学科、优势学科、特色学科和基础理论学科、应用类学科、工程学科乃至新兴学科、交叉学科的统筹建设，为学校培养交叉学科团队、打造前沿学科平台创造了良好的条件和机遇。由此，省部级科技平台建设也实现了零的突破：光电化学材料与器件省部共建教育部重点实验室获教育部批准立项，工业烟尘污染控制湖北省重点实验室、湖北省豆类(蔬菜)植物工程技术研究中心获湖北省科技厅批准组建。深入推进产学研结合，可促使科研水平和服务社会能力进一步提高。

(二)校所协同创新

2012 年 8 月 2 日，北京大学、清华大学、中国科学院共建“量子物质科学协同创新中心”，争取在 10 年左右时间将中心建设发展成为国际一流的物理学学术创新高地。2012 年 8 月 13 日，北京师范大学、清华大学、北京大学和中国科学院大气物理研究所、中国科学院遥感应用研究所、中国科学院生态环境研究中心(“三校三所”)联合启动“全球变化与可持续发展协同创新中心”。该中心瞄准当今世界全球变化与可持续发展领域最前沿关键技术问题，以深化与我国优势高校、科研院所以及国际著名研究机构合作为核心，联合该领域世界知名科教机构，加速知识创造、知识传递和知识扩散过程，力争在 10 年内把该中心建设成为世界上著名的全球变化与可持续发展科学领域科学研究和人才培养的重要机构之一。2012 年 9 月 14 日，由中国地质大学(武汉)牵头，联合南京大学、北京大学、中国科学院地质与地球物理研究所、中国地质科学院、国土资源部中央地勘基金管理中心等单位(“三校两院一中心”)共建的实体性研发机构——紧缺战略矿产资源协同创新中心在中国地质大学(武汉)成立。该中心以实施机制体制改革和解决制约地质找矿突破的关键科学技术问题为目标，结合我国紧缺战略矿产资源国内外研究现状及发展趋势，提出我国矿产资源的找矿前景、评价体系与开发模式。

(三)“政、产、学、研、金”的协同创新合作

面对日新月异的科技进步，我国一些高校转变创新理念和模

式，充分发挥自身的科研创新优势，加强创新生态系统基础建设，整合协同社会各种创新要素和创新资源，构建一批融合科技创新、成果转化、服务社会为一体的协同创新平台，将“产、学、研”合作模式中三个环节进一步开拓，加上政府和金融机构，拓展深化成为“政、产、学、研、金”的协同创新合作平台，促进社会各类创新的建制性力量协同创新，整体提高国家创新能力和竞争实力。广州大学充分利用学校与区域经济社会发展长期积累的天然亲密关系和区位优势，瞄准基层从细节做起，与广州基层政府开展“校-区合作”，并以此作为学校服务地方的重要切入点和突破口，先后与花都、番禺、萝岗、越秀、南沙等区政府签订了《校-区产学研合作框架协议》，启动了一批合作项目合同，利用自身综合性大学学科专业齐全优势，积极主动参与地方各级党政的决策咨询，努力在城市建设、企业管理、教育培训、社会服务、文化普及、信息共享等方面提供智力支持。深圳大学着力打造“突出应用对策研究、重在服务地方发展”的学校社科研究特色，该校出台多项措施，引导社科研究力量聚焦重大现实问题，积极开展应用对策研究。如每年设立 10 项“快速反应”项目，专门针对市委市政府重大决策及民生热点问题组织应用型研究，已基本形成了基础研究与应用研究并重、突出应用对策研究的特色，以学术为主导、重在服务地方发展的特色，实现了国家社科基金重大项目立项、重大高级别项目的历史性突破。

(四)校校协同创新合作

2011 年 10 月 20 日，北京邮电大学、北京交通大学、北京科技大学、北京化工大学、华北电力大学、中国地质大学(北京)、中国矿业大学(北京)、中国石油大学(北京)、北京林业大学、西安电子科技大学、哈尔滨工程大学 11 所特色高校组建协同创新联盟。该联盟 11 所高校均为行业特色型高校，其学科设置涵盖了电子信息、网络与通信、铁路公路交通、新型材料、化学化工、电力系统、地质、矿业、石油、林业、造船业等重要工程技术领域，积聚了一批优质教育资源和科技创新力量。2011 年，杭州师范大学与美国、欧洲等 10 国的 25 所大学新建了合作关系，目前与该校开展合作项目的世界高水平大学达 80 所。该校积极探索与国外高校进行全方位合作的新模式；着力推动师生队伍国际化，一批国际知名学者加盟该校，通过“双语教师培训计划”等支持一大批年轻教师赴国(境)外交流、学习和进修，并为管理人员提供国际化能力培养的机会。努力对学生国际化培养，组织百余名学生赴美国大学学习交流，有 40 余个国家与地区的 717 名外国学生来该校学习交流，如与美国中田纳西州立大学合办的孔子学院运行良好(见表 8-1)。

表 8-1　近年来我国部分同类型或多层次大学校校联盟协同创新建构情况

成立时间	机构名称	成员高校	合作方式或进展	主要特点
2011. 9	华北五省高校教学共同体	北京、天津、河北、山西、内蒙古高校(以下简称五省)	天津等四地高校的本科生、研究生到北京地区高校访学，华北五省、市、自治区高校教学共同体启动建设，共享彼此优质教育资源：互相开放省级重点实验室；启动五省学生访学计划；建立华北五省大学生学科竞赛平台；五省师资、干部互相交流、进修。此外，五省高校还将结对合作，携手发展建立高校产学研战略联盟	跨省
2010. 5	全国政法大学联盟——立格联盟	中国政法大学、西南政法大学、华东政法大学、中南财经政法大学、西北政法大学	在推进法学教育改革的同时，就学科专业、师资队伍、科学研究、图书文献和行政管理等方面工作定期开展校际互访与经验交流活动，开展学术合作，优势互补，共同促进学校发展	同类型

续表

成立时间	机构名称	成员高校	合作方式或进展	主要特点
2012. 2	长三角地区高校学分互认	江浙沪高校	率先实施交换生计划和暑假班计划，逐步实施网上选课计划。交换生计划先实行“985”高校、“211”高校、省属高校、地方本科院校的同类同层次“对等互派”，鼓励交叉互派①	跨省
2012. 7	北师大等12所内地高校与新疆师范大学合作共建	北京师范大学、东北师范大学、华中师范大学、南开大学、厦门大学、吉林大学、中央民族大学、中央音乐学院、中央美术学院、华东理工大学、天津师范大学、首都师范大学、新疆师范大学	在教师队伍建设、学科建设、教学管理和科研学术方面得到更大帮助和提高	跨省
2012. 7	全国首家地方院校大学课程共建共享联盟	山东轻工学院、临沂大学、遵义师范学院、陕西中医学院、贺州学院、合肥师范学院、宜宾学院、盐城师范学院	联合建立优质课程资源库，共享教育教学资源；开展校际教授交换，学生访学和学分互认；建立密切协作关系，实现教学、课程资源紧密协作；加强课程资源共享和协作创新	跨地区课程共建共享

① 梁国瑞. 江浙沪三省共享高校资源 互认学生学分[N]. 广州日报，2012-02-24.

续表

成立时间	机构名称	成员高校	合作方式或进展	主要特点
2011.11	江苏仙林大学城本科高校教学联盟	南京大学、南京师范大学、南京中医药大学、南京邮电大学和南京财经大学	着力于提高人才培养质量，推进人才培养模式创新，构建开放共享教学平台，创新合作共赢机制，充分发挥联盟的改革引领和示范辐射作用	同城
2011.6	重庆市大学联盟	重庆大学、西南大学、第三军医大、西南政法大学、重庆医科大学、四川外语学院	学分互认；学生互换，优势特色专业接收交换生；联合编写共有课程的教材，建设远程教育平台，共享优质教育资源 互聘教师：选派优秀管理人员在各学校间相互挂职交流，高端人才共引共享平台，共享优势资源 共享资源：网络资源、图书情报资源、教学实验室及大型仪器设备共享等	同城
2011.8	福州地区大学新校区教育联盟	福州大学、福建师范大学、福建农林大学、福建医科大学、福建中医药大学、福建工程学院、闽江学院、福建江夏学院	加强联盟成员高校之间、校企之间、学校与科研机制之间合作，以及中外合作的多种联合培养方式，形成体系国内外开放、体制机制不断创新、渠道互联互通、选择多样灵活的人才培养机制，促进区域间优质教育资源共建共享，进一步加强高校内涵建设，提升人才培养、科学研究和服务社会水平，以成员学校办学质量和整体实力为着力点，带动和引领全省高等教育的整体提升，打造福建高等教育特色区域乃至全国高等教育发展的重要高地	同地区

续表

成立时间	机构名称	成员高校	合作方式或进展	主要特点
2011.8	复旦大学等4所部属高校与上海9所地方大学合作	复旦大学、上海交通大学、同济大学、华东师范大学分别与上海商学院、上海电力学院、上海海洋大学、上海工程技术大学、上海师范大学等9所市属地方高校合作	“985工程”高校在强化自身内涵建设、发挥引领作用的基础上，通过项目推进方式联合共建基地、科研平台，以支持地方高校激发创新创造活力，推进人才培养、师资队伍建设等方面的发展。重点学科建设方面给予决策咨询和资源支持，委派知名教授等共建学科的兼职学科带头人或学科顾问等。围绕我国大城市迈进老龄化社会、康复医学专业人才出现严重短缺等重大前沿领域问题展开各具特色的研究和合作。按照“优势互补、协同创新、共同发展、合作共赢”的原则开展深层次合作，促进智能电网、新能源等学科领域的人才培养、资源共享、科研创新等方面取得新发展	同城、“985”高校支持地方高校

续表

成立时间	机构名称	成员高校	合作方式或进展	主要特点
2008.12	安徽应用型本科高校联盟	安徽三联学院、安徽新华学院、安徽科技学院、蚌埠学院、滁州学院、池州学院、巢湖学院、合肥学院、合肥师范学院、淮南师范学院、黄山学院、铜陵学院、宿州学院、皖西学院、安徽文达信息工程学院、安徽外国语学院	大力推动学科交叉融合、互补发展，共同开展学科专业建设、专业学位研究生教育和实验实训基地建设；努力推进产学研合作，提升社会服务能力，共同组建创新团队、申报重大科研项目、设立技术转移中心；多途径培养学生勇于创新、乐于创业精神，共同建立课程互选共享信息平台、实行课程互选、学分互认、教师互聘，实现优势互补、资源共享，提高教学、后勤服务资源共享程度等；推进与国内外知名大学合作办学和科学研究，共同举办高水平学术交流活动，提升安徽省高校对外开放程度和国际影响力	同类型

我国研究型大学与世界一流名校相比还有较大的差距，要迎头赶超、实现跨越式发展，就要在高校之间实现优势互补、协同发展，从而带动整体崛起，这是现阶段建设具有中国特色的高等教育强国的必由之路。① 相比之下，如何利用多样化路径促进城市综合

① 姜乃强. 11 所特色高校组建联盟 强强联合迎跨越式发展[N]. 中国教育报，2011-10-20.

大学自身的发展，城市综合大学与产业和社会不同机构之间结合，当前形势都对这类大学更高水平地推动协同创新活动提出了迫切要求。

二、高校协同创新实现条件

（一）彼此高度信任

博弈理论认为，合作是行为主客体在许多重复出现的博弈后通常做出的最利己的正确战略选择，行为主体之间经过多次博弈，往往倾向于建立长远的互动关系，采取合作互惠、资源共享的行动策略，而实施合作互惠策略的前提是彼此高度信任。成员高校协同创新过程中充满了不确定性与复杂性，其问题的解决需要合作各方互相高度信任才能实现。在开放的现代社会，成员高校内部组织及其所从事的活动与社会其他组织是相互关联、相互作用的。正是这种相互关联和作用形成了组织间的相互依赖关系，这种组织间相互依赖如同网络导致其相互作用的约束，进而产生长期的相互依赖关系。① 现实中依赖性与信任度始终成正比例关系，即组织间的依赖性越高，彼此之间的信任度就高，而最终导致组织相互依赖程度提高的最主要因素是受制于社会外部环境的变化。如社会竞争加剧、环境变化加快、面临前所未有的困难等。近些年来，面对国际高等教育资源竞争加剧，港台及大陆高校间加快了联盟与合并的步伐，香港地区对本区域内高校的合并进行了集中专题商讨，台湾地区4所高校成立台湾高校联盟，长三角地区酝酿成立我国“长三角名校联盟”，利用地理位置接近、办学各具特色等优势，不断增强校际间的合作交流，架起了多方面沟通与合作的桥梁，通过加强相互依赖性和相互信任来应对环境的挑战。②

---

① 湛俊三. 地方高校战略联盟研究[D]. 湖北：武汉理工大学，2008：1-10.

② 湛俊三. 地方高校战略联盟研究[D]. 湖北：武汉理工大学，2008：1-10.

（二）建立共同愿景

“愿景”（Vision）一词，由美国学者科林斯（Jim Collings）率先提出，出现在《基业长青》（1994）一书中。源于对获得巨大成功企业的研究结论，认为那些长期拥有竞争优势的企业，都拥有一个基本经营理念、一种精神原动力。美国学者彼得·圣吉（Peter M. Senge）作为研究愿景问题最著名的学者，提出愿景是员工共同希望的景象，是一种具有深刻性的感召力量（1990）。① 共同愿景（Shared Vision）则是指由组织中个人愿景互动成长而形成的，组织成员普遍接受和认同的共有的愿景。一个合作组织要有所作为必须建立共同愿景与使命。共同愿景展示了成员高校的目标，提供给成员高校前进的动力，并能汇聚全体成员高校的力量。由于成员高校所形成的优势互补和共同发展奠定了双方合作基础，壮大了竞争优势，成员高校在更高层次上建立一致的“愿景”并由此得到一种发展的设想与空间，才能更好地建立凝聚力、向心力、感召力，激发成员各方的合作热情，扩大合作领域。共同愿景孕育着无限的创造力，能凝聚组织中每个个体的力量，激发巨大的创造力，并使人产生一体感。有了共同的愿景，确立了未来发展方向和奋斗目标，能使合作中的成员高校不被变化了的环境所迷失方向，不断激励成员高校主动而真诚的奉献与投入，努力学习，相互支持，求同存异，追求卓越。当然，愿景的设定不是对未来发展目标所进行简单的想象力发挥，而是对成员高校各方共同努力下可达成目标的实际描述。各成员高校之间存在着相互影响，全体成员高校是否为共同愿景积极奋斗和奉献，事关整个协同创新计划的构建，将对合作项目推进乃至最终实施成败起着至关重要的影响。

（三）资源、能力具有互补性

资源、能力都具有很强的互补性。尽管美国大学与城市之间不

① 程云喜. 企业共同愿景缺失动因的再思考——基于决策者与雇员的信用博弈视角[J]. 华东经济管理，2012(2).

断出现矛盾和冲突，但二者又彼此依赖，其原因正是源于这种资源、能力的互补性，资源、能力作为现代社会的重要纽带，是学校战略优势发挥的关键因素之一。要使合作有可能产生和实现其价值，根本条件是潜在合作伙伴具备学校所需要的资源和能力。如在企业协作的过程中，不同的企业在市场上通常具有不同的角色和分工，而企业能力及其所提供的资源(如市场、技术、生产、售后等)之间具有明显的互补性。比如：市场开拓是有的企业所擅长的特点，技术研发又可能是其他企业所具有的优势。即便是在同一个技术研发领域，不同的企业所精通和擅长的技术也往往所侧重方面有很大的不同。在实际的企业间协作伙伴关系中，通常事先会就协作项目各方工作量及其收益进行分工和分配预测，之后参与协作的企业围绕所要完成协作项目和共同获得收益，都会按照分工投入与自己承诺相应的工作量，然后再按照事先约定比例进行分配。在独立单干的情形下，企业考虑的唯一目标是自身收益的最大化。而只有在合作、协同的条件下不同企业为了实现共同收益目标，将各自投入的工作量作为自身的策略，资源、能力互补性进行合理地调节，个体、整体均可获得最佳收益。资源、能力互补性使其共同协同创新要容易得多，也更容易形成长久的生命力。

(四)确立利益范围和责任边界

“互惠互利、共同发展”原则在城市综合大学合作交流机制具体实施方案、相关利益主体共同划分确立利益范围和责任边界等方面，可使每个成员高校的利益得到保障。如美国高校校际合作史上，位于马萨诸塞州西部涅狄河谷的五校联盟(Five collegesconsortium)是公认的最成功的校际合作办学的典型之一。五校中有四所是本科学院，一所是广博型的研究型大学，五校联盟的宗旨是资源共享，为广大学生提供一个更广阔的发展空间。合作项目有学生跨校选修、教师互聘、讲座、图书资料共享、信息技术合作、社区合作服务等①，负责合作管理的董事会每月召开例会进行检查、规

① 朱剑. 美国的五校联盟探析[J]. 现代教育科学，2006(2).

划、整改等，年度会议则重点解决财政预算问题。董事会之下，五校校长事务办公室主任、执行官和五校主管财政的负责人每月集结一次，商讨在众多领域的合作事宜，加之负责合作事务管理的30余个部门形成的工作网络，较好解决相关利益主体责任边界划分、利益范围确立，同时构建成员高校风险分担机制，增强其抗风险能力，良好的管理保障和资金保障使合作获得成功。

（五）建立以共同发展为导向的组织文化

成员高校之间需要打破传统原有文化的惯性，建立以共同发展为导向协同创新的组织文化，在成员高校范围内开展组织学习，促进校校之间、校内各部门之间、员工之间的交流，创造充满信任、有利于协同创新的良好协作环境。保持开放的学习态度，促进员工工作交流，使其愿意与其他成员高校共享知识和成果，以充分发挥团队的作用，“构建自由开放、鼓励创新、宽容失败的学术氛围，倡导拼搏进取、敬业奉献、求真务实、团结合作的精神风尚”①。经常开展校际间研讨调研、科研学术交流、学生联合培养、教师访学等形式的交流活动，在成员高校内形成互通有无、科研学术互帮互助、共同发展进步的良好氛围。构建人员环境保障，坚持开放合作，创新体制与管理，组织优势队伍，持之以恒协力攻关，最大限度地激发和提升广大教职工、科技人员和创新组织的创新潜力与活力，创造有利于协同创新的文化环境，形成以人为本、竞争激励、开放合作、和谐有序的文化环境和创新氛围。

第三节　推进城市综合大学协同创新的有效策略

如何理解和实现协同创新是摆在城市综合大学面前的一个新任务。城市综合大学迫切需要转变创新理念和模式，促使城市综合大学成员高校内、成员高校与社会各类创新力量的协同创新，通过建

① 教育部、财政部《关于实施高等学校创新能力提升计划的意见》（教技〔2012〕6号），2012-03-15.

立起正常的交流合作机制，促进成员高校相互沟通交流，在人才培养、科研研究和社会服务等诸方面实现合作共赢，提高整体创新能力和竞争实力。

一、做实交流平台　畅通沟通渠道

交流是信息互换的过程，彼此之间把自己有的、对方需要的提供给对方，相互沟通。在现实社会，交流是培养信任的一种重要手段，因为交流信任关系不是自然而然发生的，而是通过双方、多方的投入、培养甚至长期的努力发展起来的。建议认真落实《全国十五城市综合大学联席会议工作建议》，积极运作城市综合大学合作交流平台，健全精干、高效的城市综合大学合作交流机制，通过建立城市高校协同创新工作机构，实施成员高校定期办公(电话)例会制度，做到对协同交流机制重要事项上议而有决、决而即行。设定各种定期的论坛、工作机制协调会、报告会、专题研讨会、联合制定规划等特定的工作程序，畅通形式多样的组织与团队个人之间的相互沟通渠道，使成员高校各个层面的领导者、管理者以及师生的交流便捷化、常态化，成员高校能及时了解体内其他各校的工作推进情况、发展方向、遇到的阻力和困难，能够及时借鉴相关经验、技术、信息，对工作过程中出现的偏差进行调整，求得需要的帮助，对于促进成员高校之间实施对话、加强交流、消除彼此间存在的障碍将发挥积极作用。

二、整合创新资源　促进协同攻关

加快构建城市综合大学创新集群，推进知识创新与城市创新、区域创新的无缝衔接。根据当前副省级城市发展以及城市综合大学面临的重大问题，每年拟定若干个副省级城市发展带有共性的重大问题，依托成员高校协同攻关，构建“开放、集成、高效”的协同创新机制。设立学科交叉研究专项，共同培育新兴研究领域，组建跨学科创新团队，整合校内外科技力量、学科优势资源，对接服务地方经济社会发展主战场，协同地方和行业主管部门共建研发基地，联合申报吸纳科研单位和企业共同参与的科技研发项目，在成员高校开展合作攻关，共同承担城市当前发展急需大型科技攻关项目，解决重大、复杂的人文社科问题，充分释放城市综合大学的人才、资本、信息、技术等创新要素的活力。① 举办经常性的校际间有关城市发展的学术研讨会，作为成员高校合作组织设计的正式与非正式的沟通通道，对成员高校合作发展过程中遇到的各种问题进行研讨，加强成员之间的信息共享和沟通，整合各类信息，共同寻求解决办法。

三、实施学分互换制度　培养创新应用型人才

成员高校可以建立教学合作组织以共同实施教学创新并将其制度化。建立学历互认等制度，丰富并逐步开放成员高校网上教学资源，探索进行学生网上跨校选修课程试点，为学生提供更多的选择机会，促进更加广泛地方高等教育合作机制形成。优化以学科交叉融合为导向的资源配置方式，大力开展应用型人才培养的协同创新。成员高校不断创新应用型人才培养制度，开展城市综合大学创新应用型人才合作培养教育；健全寓教于研的创新应用型人才培养模式，创新国际交流与合作模式；深化人才发展体制机制改革对策研究，坚持以创新质量和服务贡献为导向，让人才的创新创造活力充分迸发，形成科学有效的评价机制，发挥凝练城市综合大学地域优势和特色优势。积极探索建立优质教育资源协调合作和成果共享的体制机制，各校拿出部分精品课程网上共享。制定实施本科专业星级专业评价标准，定期开展专业建设和评价，引导专业不断提升创新水平。

四、加强多层次交流　促进资源要素共享

合作项目、计划是高校组织、高校与社会其他组织基于未来成功预期所进行的一种特殊性资源投入，它涉及资源的投入及关系的密切，也包括对共同面临的一些重要问题采取有目的的行动。它是

---

① 教育部、财政部《关于实施高等学校创新能力提升计划的意见》(教技〔2012〕6号)，2012-03-15.

高校组织、高校与社会其他组织实质性资源深度、密切合作的标志与保证，同时也涵盖在相互依赖背景下的多种资源流动。依托合作平台，采用项目与计划设立的形式，加强师资队伍的交流，实现成员高校组织之间、非高校社会其他组织之间的深度合作。通过各校参与的关键项目、计划的设立、推进和完成，促进成员高校资源共享，提高科研学术水平，共同实现各自追求卓越的目标。通过学者交流计划(学生与教师)、多门课程共建共享学习计划、重大科技科研攻关计划、暑期研究机会计划等，在课堂教学、师资培训、教学改革、科学研究等方面进行全面合作，实现网上教学资源的有效配置，为广大学生提供大量优质课程，学生可以按需选取其中的一门或多门，学校为其中成绩优异者提供免交跨校选课费的机会。开放成员高校图书馆藏资源，成员高校的图书文献信息资源共享，使各大学信息资源交流更高效、更富有。

五、兼顾各方利益　创造和谐共荣

创造和谐共荣的根本方法是不仅实行“沿着创新链条各个节点贡献的比例分配利益”①的原则，而且更重要的是让成员高校共享协同创新共同利益，即利益共享。其实现条件就是保障成员高校利益的均衡、有序、和谐。以相互促进和共同繁荣为动力和宗旨，以每个利益要素的存在与运行不损害其他利益要素为着力点和前提，最优化的状态是每一个利益要素在和睦相处中不断地超越自我，从而构建以共享为目标的利益整合机制。利益整合机制充分发挥凝结集体智慧和力量的作用，把分散的个体集结起来，化解合作中的分歧与矛盾，才能实现利益共享的目标，取得“1+1>2”的效果，满足各个成员高校的共同利益追求。要营造团结、和谐、共荣的局面，这种团结是在尊重个性、张扬个性基础上的满足个性发展相互需求的团结，要把协同创新都当做自己的事业而关注其长远发展，打破校内校外条块分割、资源重复低效状况，实现校内校外协同创新。比如实现学校间科研平台共建共享，在各校层面上建设跨学科科研

① 季晶. 推进高校协同创新　提升科技服务能力[J]. 科教导报，2012(12).

平台、大型功能平台，集中力量解决城市发展共同面临的重大难题；实现实验材料和数据利用共享，整合学术报告会和网络平台等。同时成员高校着眼于实现协同创新集群内成员高校的协调，与校外科研院所加强沟通协调，共同组建宽领域复合型科研创新团队、集结优势资源，联合申报当前城市、区域乃至国家急需完成的大型科研项目等，实现实验资源和信息情报网络数据共享。

六、构建支撑保障　实现可持续发展

由于协同创新不同于原始创新的协调合作，也有别于集成创新、引进消化吸收再创新的产品技术要素整合，其本质属性是一种管理创新。① 城市综合大学要深化以人才培养、科学研究和体制机制创新为一体的高校组织模式改革，力求在体制机制上取得新突破。探索建立校校协同、校所协同、校企(行)协同、校地(区域)协同、国际合作协同等“开放、集成、高效”的新模式。② 建立和完善促进协同创新的人事管理制度，努力实现人员队伍结构优化化、人员数量最小化、人力资源开发与办学效益最大化。构建条件保障，由成员高校分担等多渠道筹措方式筹集经费，用于合作项目及管理事务，保证成员高校合作事项有必要的物质条件支撑，推动协同创新的实施。构建技术服务保障，利用现代网络优势，构建先进的信息系统平台，如探索高等教育质量提升的新平台、服务国家和区域创新发展的新路径、体制机制创新的新载体，支持不同类型的信息应用，方便成员高校之间数据的获取、整合，打破过去教育资源的封闭和垄断，从而使成员高校之间可以及时地进行交流和信息共享，大大提高成员高校的协同效率和资源共享化程度，形成城市综合大学各项功能相互促进、相互支撑、办学质量整体提升的新格局。

---

① 陈治亚. 行业特色型高校推进协同创新的思考[J]. 中国高等教育，2012(8).

② 姜乃强. 11 所特色高校组建联盟　强强联合迎跨越式发展[N]. 中国教育报，2011-10-20.

第九章　我国公立高校学费改革研究①

我国公立高校学费改革研究，属于教育财政研究的教育经济学范畴，也是与大学规划、教育发展政策研究结合得最为紧密的重要领域。系统研究和梳理我国公立高校学费投入渠道、定价机制、投融资体系、资助体系建设等成本行为和内部管理机制，努力推进相关多领域改革，对于提高政府拨款资金使用效益，为大学规划实践发展提供坚实保障大有裨益。

第一节　确保国家对公立高校的主渠道投入

根据《中华人民共和国会计法》、教育部、财政部《关于高等学校建立经济责任制加强财务管理的几点意见》(教财〔2000〕14号)，按照“统一领导，分级管理”和“一级管好一级，一级向一级负责”的原则，制定各级政府对公立高校投入负责人经济责任制，创立有利于高等教育发展的政策环境，通过税收政策引导，鼓励社会力量投资高等教育，促进地方高等教育的发展。

一、进一步明确国家高等教育投入的主体

按照社会发展基本规律，任何一个国家经济社会发展物质资本和人力资本投资必须有适当的比例，低成本的劳动力只有与高素质的人员科学有效配比，才能最大限度地优化社会的经济生产，过分

① 肖引，张丽萍. 城市大学蓝皮书　十五副省级城市综合大学发展报告2012[C]. 武汉：湖北人民出版社，2013，原作者为张晓玲，张丽萍，此处由张丽萍修改而成.

强调其中的一方都会损失效率。我国作为世界第二大经济体，长期以来，人力资本投资严重不足，而实物资本投资相对过剩得多。这种不平衡的投资战略，严重阻碍了中国经济进一步发掘自身的潜力。① 国内有学者对经济增长与政府投入、学杂费的关联性分析证实，政府高等教育财政拨款每增长 1%会促进经济增长 1.87%，高等教育财政投入的提高是经济增长的重要推动因素。经费投入作为人力资本实现方式和发展高等教育重要的物质基础，政府对教育的投入不是完全的消耗，而是对人才培养的投资，是对国家发展和经济建设的长远投资。② 高等教育财政投入的提高是经济增长的重要推动因素，从世界各国特别是发达国家的历史和现状来看，国家拨款是高校经费的主要来源，因为国家才是高等教育的最大受益者。一个国家高等教育越普及、受过高等教育的人越多，这个国家的经济发展和社会进步才有可能越大。不论是知识产品，还是教育服务和教育服务的产品人力资本所带来的私人收益显著小于社会收益。从长期效应来看，国家财政性教育经费投入对经济增长有比较强的正向冲击效应，高等教育财政投入的增长提高了国民经济的增长速度，说明高等教育财政投入的提高是经济增长的重要推动因素。

高等教育作为一种区域性的准公共产品，必须适应区域经济的发展，为区域发展服务。为了更好地服务地方经济建设，公立高校通过不断整合教育资源，办学规模迅速扩大，学科专业水平显著提升，综合实力明显增强，成为我国高等教育大众化的主力军，在重点高校规模增长潜力挖尽的情况下，我国高等教育大众化的任务主要是由以公立高校为主的地方高校完成的。公立高校作为地方高校的重要组成部分，在增加高等教育机会、满足社会多样化教育需求方面发挥了重要的作用。2002 年世界银行出版的研究报告《发展中国家的高等教育：危机与出路》(以下简称《报告》)提出“高等教育

① 虞立琪. 人力资本投资与物质资本投资同等重要[J]. 商务周刊，2004(5).

② 张其亮. 关于高等教育学费标准的实证研究[J]. 教育与现代化，2010(9).

具有重大的公益性”的新观点，指出：高等教育可以带来“巨大的公共利益”，通过提高工资和生产率“使个人和国家更加富有”、“人们得以享受到一种高质量的精神生活，而更广泛的社会群体也可在文化和政治方面受益”。公立高校相当一部分位于中心城市及其以下的地级城市，管理上属于“省市共建”、以省(市)为主，在经费来源上，以地方财政拨款为主的运行模式。这类高校与部属高校相比，在教育资源分配上长期处于弱势地位，经费来源总量严重偏低，以 2008 年为例，地方高校是部属高校生均教育经费总量的 44.2%，生均预算内经费总量是部属高校的 51.5%。① 当前，这类高校在积极推进地方经济社会发展中由于经费紧张面临诸多困难，按照“谁受益、谁负担”的原则，政府作为高等教育的主要受益者，应进一步明确其在国家高等教育投资体系中的主体地位，责任是进一步完善政策和法律体系，每年以提高一定中央、地方财政支出教育经费的比例，增加对高等教育的经费投入，特别应加大对公立高校的财政投入，提高国家财政对公立高校教育支出比例，使其随 GDP 变化保持合理水平。从国外公立高校发展经验来看，政府的投入始终在公立高校经费结构中占主要地位。我国根据《国家中长期教育改革和发展规划纲要（2010—2020 年)》的要求，应进一步明确各级政府作为公立高等教育举办者的职责，加大政府公共财政投入，完善各级教育经费投入机制，进一步科学调控公立高校经费结构，提高财政投入在公立高校经费中的比例，进而建立起与我国社会主义市场经济发展相适应的高等教育投入体制，大力增加其他渠道的教育投入，保障公立高校合理的公共财政收入。

二、改革高校管理体制和经费拨款方式

我国目前的高校管理体制，教育部门与高校尤其是教育部直属高校之间，实际上仍是一种行政从属关系，而并非真正利益超脱意义上的公共管理与被管理关系，大到经费拨付、人事管理，小到学

① 陆莹，叶青松. 地方高校经费收入来源的拓展策略研究[J]. 会计之友(中旬刊)，2010(10).

科设置、招生计划等诸多方面，教育行政部门与高校均有千丝万缕的利益关联。要改革高校管理体制，进行公立高校的拨款方式改革，在大学和政府之间建立一个缓冲组织或中介机构，诸如国外的拨款委员会、教育基金会等，处理一般和专项拨款决策，帮助政府把相应的责任赋予高校；另一方面，它们根据各高校自身的情况，向政府提出要求。该委员会是全方位行使国家发展高等教育事业的事权与财权的承接教育部门、财政部门对高等教育拨款的事业性中介机构。改革现行的“基本支出预算加项目支出预算”的拨款模式为政府依据高校的绩效来拨款，通过制定不同的绩效评估标准，更好地发挥对高校的宏观管理，引导高校的发展方向。改进拨款方式，根据拨款的具体对象、性质、目标的不同，有针对性地采取相应的拨款方式，公式拨款方式应该是我国当前高等教育财政拨款方式的主要选择。对于满足特殊需要，具有较强灵活性、规律性较差的特殊教育经费，实行协商拨款方式，在政府与大学之间引进协商谈判机制，使得大学能够通过提高教学和科研绩效来改变所获得的拨款量。① 通过高等教育拨款模式的改革，加强绩效评价与拨款的结合，增强拨款的科学性和透明度，减少盲目性和固化因素，使有限的资源发挥出更好的效益。政府主要应通过立法、规划、拨款、评估、监督和必要的行政手段来调控高等教育的发展规模与速度、质量与效益，借以实施对高等教育的管理职能。

第二节　科学构建公立高校学费定价机制

成本补偿理论认为，政府通过财政支出的形式为提供纯公共产品的成本予以补偿，准公共产品的成本应由受益各方根据各自受益高低及支付能力大小来进行补偿。高等教育作为一种准公共产品，具有私人物品的特征，能给受教育者本人及其家庭带来较大的预期收益。② 同时，高等教育还具有公共物品的特征，提供这种服务还

① 张丽萍. 运用资本市场推动高等教育发展的思考[J]. 辽宁教育研究，2006(4).

② 彭媛. 公共财政体制改革下的高等教育投入体制改革研究[D]. 天津财经大学，2009.

会给社会带来较大的收益。① 作为准公共产品的高等教育，政府和私人应该成为教育成本分担主体。

之所以接受高等教育成为人们基本的教育需求，是因为它可以使人获得生存技能、谋生手段，提高生活质量，进而追求一种高层次的精神价值，提高文化科学素养，实现自身的理想，促进人的全面发展。高等教育具有很高的私人收益。如在拉丁美洲的研究表明，接受过 17 年教育(即获得大学文凭)的工人比只接受过 6 年教育的工人，收入高出 200%，大大超过了国际上物质资本投入 8%~10%的通常利润水平。虽然美国高等教育的收费在不同州、不同学校、不同专业中差别大，但一个共同的特征是，高校收费一直以比较快的速度增长，哪怕是学费已经很高了的私立大学。这使得接受大学教育变得越来越昂贵，也使得许多低收入家庭不堪重负。美国大学管理委员会最新的 2009—2010 年度调查显示，4 年制公立大学和学院的学费平均年增长率为 4.9%，比前 20 年的学费增长率都快，不仅高于过去 10 年的平均物价上涨指数，也高于平均家庭收入增长率。② 在我国，受过大学教育其一生的收益也是较高的，但目前大学学费标准一般只占成本的 1/4，个人承担高等学校成本应反映市场规律，学杂费的标准应当反映劳动力市场的价值规律。不同的高校、不同的专业应有不同的学费标准。因此，要科学构建公立高校学费定价机制，学费标准的制定应该以高等教育成本为依据，在考虑高等教育财政能力和受教育者支付能力的情况下，以高等教育的个人收益和外部收益为高等教育成本分担的主要依据进行定价，有步骤、分阶段提高学费标准。对从高等教育投入中获得很高收益的大学生，应分阶段设立梯次递增的学费标准，最后过渡到学生合理承担的教育投资水平。③

① 但锋. 公共财政视角下高等教育经费紧缺的成因解读及化解途径[J]. 陕西师范大学学报(哲学社会科学版)，2012(3).

② 邓益纯. 略论美国大学本科教育收费制及发展趋势[J]. 湖南科技学院学报，2010(10).

③ 张丽萍. 运用资本市场推动高等教育发展的思考[J]. 辽宁教育研究，2006(4).

同时，改革现行的政府对学费定价为高校在政府指导下的自主定价。

一、科学制定学费平均标准

为了完善我国公立高校学费政策，我国应借鉴英美灵活多样的学费定价和学费收取制度，依据公平原则，充分评估社会经济发展状况、学校办学成本、学生家庭收入、以往收费水平等各方面因素，综合考虑高校之间、地区之间、城乡之间、专业之间的差异性，合理确定我国公立高校学费平均标准，完善学费收取制度。由教育部和各地方省级政府合理确定公立高校学费的上限标准。教育部要参考我国居民家庭平均收入和支付能力等情况，科学地、合理地、动态地制定全国公立高校收费标准最高上限，而非简单规定高等学校学费占年生均教育培养成本的比例。由于我国幅员辽阔，沿海发达地区与内陆地区，东部和中西部地区经济发展水平皆有区别，国家应允许各省级政府依据国家学费上限标准，根据本地经济社会发展水平，公立高等教育办学成本综合考虑财政投入、物价指数、所学专业、学校声誉、过去的学费水平、社会心理承受能力等等相关因素来确定本省学费标准上限。省级政府进行本地公立高校学费定价时，应充分考虑到城乡之间收入水平的差异性。一般来说，以农村人口为主的公立高校学费标准应该比以城市人口为主的公立高校低，这样才能较好地保证落后地区的学生高等教育入学机会。而北京、上海等直辖市所在高校和深圳大学、广州大学、成都学院、大连大学等 15 所副省级城市综合大学，其生源较大比例甚至 60%以上来自有较强支付能力的当地城市居民。因此，这类大学学费应该有较大提升空间，在提高学费的同时也提高对贫困生的资助标准。目前公立高校学费并非偏高，特别是依据城镇居民学费支付能力还有较大空间。世界范围内大学收费已经成为一种趋势，即便在实行教育完全免费的部分发达国家，也开始逐步实行征收学费的制度，而且费用越来越高。我国城镇居民缴纳的公立高校学费占家庭可支配收入比例远低于英美水平，随着我国社会主义市场经济的逐步完善，民众生活水平的提升，高校学费的收取必须符合当前中国经济发展的形势，学生个人应根据其未来收益反哺国家，促进高等教育的良性发展。

二、实施差异化的学费标准和高校自主定价

所谓差异化原则就是指高等教育要根据地区、城乡、家庭、学校、专业等各个方面的差异性来调整相应的学费政策。英国2006年学费改革的主要内容是取消每年每生1125英镑的国家统一学费标准，代之以各大学自己确定学费数额即实行差别收费，国家设定收费上限，各大学可以根据本校情况自主决定学费的浮动范围和标准。我国学费负担比重和地区经济发展水平呈现较为显著的负相关关系，即经济发达地区或城镇居民接受高等教育的成本相对较低，经济欠发达地区或农村居民接受高等教育的成本相对偏高。我国公立高校学费定价除了要考虑以上所述地区和城乡差异因素外，还要充分考虑高校、专业以及家庭之间的差异性。一般来说，公立高校或专业排名越靠前，其教学设备、基础建设、师资力量等越强，学生毕业工作的预期收益率就越高。因此根据教育成本分担理论和教育公平原则，应该允许办学水平和声望高的公立高校和就业前景较好的专业提高一定比例的学费。而对于一些就业前景较差，毕业收入预期不高，但对于国家和社会不可缺少或急需专业，应该采取扶持和保护政策，允许降低一定比例的学费。政府应该赋予公立高校在本省学费标准上限范围之内的学费自主定价权，高校可以根据自己生源状况、社会影响力以及学生家庭收入情况等，在基本学费标准基础上适当上浮或下调学费标准。

国家在政策层面允许高校依据培养大学生成本的不同对一般高校和重点高校的收费有所差异。然而就目前事实来看，尽管国家在不同类别高校的教育成本分担比例不同，但是重点大学和一般大学同一专业的收费标准却相差无几，未能体现出“优质优价”的公平原则。从专业学科的未来预期来看，还存在着热门专业和冷门专业之间的就业机会以及工资待遇所形成的显著差异，这就导致出现不同专业所承担的教育成本大致相同，而工作之后的实际收益却相差

很大的局面，大学生成本分担不公的不合理因素显而易见。① 公立高校学费改革，要允许对社会急需、办学水平高、市场前景好的专业按照高于一般培养成本比例收取学费；对于不同热门程度的专业，也应当确定不同的学费标准；不同专业的教学过程中所需的成本不同，不同专业学生对高等教育投资可得到的回报不同，所以热门专业的学费标准应该高于普通专业。② 对于不同层次、不同地区的高校和不同热门程度的专业，政府在制定价格时应考虑不同的定价标准。不同层次的高校收费上存在合理的差异，不仅可以体现学校声誉，教学质量上的不同，做到按质论价，还有利于促进学校自身发展，提升自身的教学科研水平。③

通过理论和实证分析表明，高等教育学费是高等教育服务的市场价格，它反映了教育消费者和高校之间的自由交易关系，高等教育学费标准的确定也遵循一般市场定价原理。作为准公共产品，不同类型的大学教育所产生的总收益在个人与社会之间分配的比例也是不同的，按照教育成本分担的受益原则，在名牌大学接受高等教育，获得了更优质的教育资源，能够在更大程度上提高其在未来劳动力市场中的竞争优势，而普通大学毕业生则不具有这种优势，这就意味着在名牌大学读书应当负担更多的教育成本，大学有权对所有专业学科进行自主定价。每所高校都提供有差别的教育服务，表现为学校品牌不同、教育学历层次不同，以及教师教学质量不同，因此，高校自主决定学费价格是必然发展趋势。④ 近些年来，尽管英美对公立高校学费定价限制有所放松，但是政府仍然会对公立高校学费增长的幅度和上限进行一定的控制，学校在政府规定学费最

① 刘新民，王垒，张盈盈. 大学生高等教育成本分担责任研究[J]. 山东科技大学学报(社会科学版)，2011(1).

② 张其亮. 关于高等教育学费标准的实证研究[J]. 教育与现代化，2010(9).

③ 张其亮. 关于高等教育学费标准的实证研究[J]. 教育与现代化，2010(9).

④ 张其亮. 关于高等教育学费标准的实证研究[J]. 教育与现代化，2010(9).

高标准之内拥有一定的自主定价权。

按照高等教育成本分担理论，接受高等教育的学生及其家庭作为受益者理应缴纳一定的学费。对于那些家庭贫困难以支付部分或全部学费的学生，国家必须为其提供相应的援助，以保证他们顺利完成学业，维护高等教育的机会平等。英美在确立公立高校学费标准时，除了遵循高等教育成本分担原则外，还充分考虑学生的支付能力，对家庭经济困难的学生给予特别的照顾，保证来自不同家庭收入水平的学生拥有平等接受高等教育的机会。我国高校收费标准采取统一标准和方式，表面看似乎对每个家庭和受教育者都一视同仁，但实际上忽视了社会存在不断扩大的贫富不均这样一个事实，没有考虑家庭和个人的经济状况。因此，要把居民的收入水平和地区经济发展水平作为确定学费标准的重要依据，根据学生家庭收入和所在地区经济发展水平的不同收取不同的学费，如：学生家庭经济状况差一些应缴学费标准适当降低；经济不发达地区的生活水平比较低，能承受的学费也相应地低一些，收费标准应适当降低。湖北省城乡居民对高等教育学费最大承受能力呈现逐年上升趋势。考虑到地区经济持续平稳上扬，2013 年湖北城乡居民高等教育学费最大承受能力将继续增强。考虑专业以及地区的差异性是非常重要，只有将普遍性与特殊性有机地结合，对具体问题客观分析，客观把握其特殊性，才能使公立高校在有限的条件下为国家和地方经济社会创造无限的发展价值。若从影响学费标准的三个重要因素——高校生均教育成本、家庭收入和高等教育整体社会效益考虑，建立相对应的数学模型，运用不同的数学工具分析得出不同角度考虑下的学费标准。结果表明：随着物价的上涨，生均培养成本的增加。如湖北省目前执行的公立高校学费标准稍低，为保证教学的正常运行和教学质量的稳步提升，应循序渐进地适当提高公立高校学费标准。根据结果，我们建议：制定并完善高校成本核算制度；实行差别收费政策，依据不同地区、不同学校、不同专业和专业的收益率以及回报率，制定和调整收费标准；进一步完善教育成本分担体系，确保城乡学生高等教育机会公平。

三、学费标准的调整常态化

我国现行学费收取主要有两种方式：一是按学年收取；二是按学分收取。目前大多数公立高校采取前一种的方式。要改革我国目前的学费收取方式，促进学费收取方式灵活多样。如果按学年收取，我国可以借鉴英国的做法，在学生前两学年课程较多的时候多收学费，在课程较少的后两学年少收费；也可以探索给予学生交纳学费时间选择上的自主权，在四个学年内自主分配学费交纳比例，甚至可以学习英国公立高校“先上学，后交费”的做法，给贫困生开设“绿色通道”，让他们先注册入学，再按政策落实资助。我国部分公立高校实行了学分制收费方式的改革，可以在学生每学年选课后确定缴费数额，学生也可以自主决定在校学习时间长短。但是，我国学分制收费管理运行机制并不完善。在这方面我们可以借鉴美国的经验，进一步丰富选修课程资源，建立科学的学业评价体系，不断完善导师制、学分转换制度和学籍管理制度。此外，我国还可以借鉴美国一些州立大学农产品代替学费的做法，允许农村家庭贫困学生向高校食堂提供符合卫生要求的蔬菜、水果、肉食品以及加工好的农产品等，既可解决农村子弟上学的经济困难，又帮助农民解决农产品销售难的问题。

随着高等教育入学率的提高，个人负担的学费和其他杂费在高等教育总资源中所占的比例会逐渐提高，这是一种世界趋势。学费收取应该建立并不断完善政府指导下的高校自主定价的基本模式，革除办学管制，促进多种办学和教育竞争，有效增加教育供给。我国应借鉴英美学费政策经验，根据城乡居民人均收入水平，综合考虑地域、城乡差别、办学水平、办学必须成本、学生毕业预期收益、社会承受心理等相关因素，合理确定学生及家庭应该分担的教育成本比例。这个比例不应该长期固定，而应由教育部或各省政府定期根据以上相关因素变化情况而作相应调整，也就是说，学生及家庭应该分担的教育成本比例是动态的而非静态的。完善学费相关政策和定价机制，实施学费价格听证会制度，学费调整随社会市场价格变化常态化，只有如此，才能改善目前政府在学费管理中面临的各种困难，有效提高高等教育学费管理科学化水平。

第三节　提高地方政府拨款资金使用效益

一、规范高校生均成本核算体系

我国目前作为制定收费标准基础的教育培养成本核算不规范，导致学费标准制定缺乏科学依据。因此，应改革现行的财务管理制度和会计核算制度，建立科学合理的高等教育成本核算体系机制，加强高校成本控制与管理，提高经费使用效益，为学费标准的制定提供依据。必须树立成本效益观(即成本最小化、效益最大化)，提高成本效益意识，不断加强成本核算管理，建立成本约束机制，不断降低教育成本，提高教育成本效益，加强对高等教育成本研究，在此基础上制定合理的收费标准、学费政策控制的科学有效机制。

二、建立公立高校政府投入机制

衡量教育公共财政的绩效不能只满足支出数额的增加，更要关注财政资金是否用于支撑高校职能发挥最急需的地方和实际效果。各级政府要建立公立高校政府投入机制，通过制度加强对高校经费收入与支出的管理，对高校经费收支的合法性和效益性进行评估，定期向社会公布经费收支情况，大学每年上报学费、生活费、住宿费、书费等各项费用明细表，并做详细的统计分析，通过国家信息渠道向全国发布，使高等教育的费用信息公开、透明，让每个学生和家长了解各大学的费用情况并对此提前做好准备。更重要的是使高等教育的费用信息自觉接受社会监督，真正做到管而不死，放而不乱，确保高校经费来源的合法化和运转的高效化。建立健全高校质量评估机制和评价指标体系，将评估的结果与拨款直接挂钩，促进高校间的良性竞争，使教育资源得到更为充分、有效的利用。政府对公立高校重要建设项目要坚持实效为先，实行严格绩效评价，主要包括：立项决策评价，主要是评价项目立项的合理性和必要性；经济效益评价，主要是评价项目的成本效益情况等；综合影响评价，主要是评价项目对地区、行业的经济发展，周边自然环境及相关社会环境的影响；持续性和长期评价，主要是评价项目完成后，对经济和社会产生的持续或长期的影响。① 促使决策者对高校政府投入及其项目结果负责，以增强公共责任意识，使有限资源发挥更大效益。

第四节　完善公立高校经费渠道多元化投融资体系

一、吸纳社会民间资本对高等教育投入

多渠道筹措教育经费，这是世界各国发展高等教育事业的成功经验。我国和其他发展中国家不同的是，不仅有很丰富的劳动力，而且有很多可动用的资金。正如我国一位著名经济学家所言：大部分发展中国家是没有钱财可花的，而中国是有很多钱可以用。这并不是说中国现在很富，而是说我们有非常高的储蓄率。② 1994—2011 年，我国城乡居民储蓄存款余额从 2 万多亿元增加到 35.2 万亿元，2012 年已达到 40 万亿元，相当于整个 GDP 总量的 75%左右，增长速度在 18%以上，远高于 GDP。各大银行进行老百姓储蓄目的调查，排在前四位的是子女教育、看病、买房、养老。其中子女教育排第一位。我国目前公立高校经费来源主要是政府和个人，社会力量和高校自身的成本支付能力表现不强，这既与我国高等教育在计划经济体制下以发展公办高校为主体的发展模式有关，也与当前筹措非公共教育资源制度设计的体制机制不科学有关。要完善多渠道筹措教育经费的机制体制，吸纳社会民间资本投资高等教育，促进高等教育成本分担多元化格局的形成。

---

① 连华，刘旭. 公共财政支出绩效评价的国际借鉴与启示[J]. 宏观经济管理，2012(4).

② 茅于轼. 中国经济增长的潜力和障碍[J]. 开放导报，2002(12).

二、通过加强产学研合作拓宽筹资渠道

在美国，高校利用科研和专利筹措经费是一种很普遍的做法，且科研经费收入在总收入中所占的比重越来越大，尤其是在高水平的研究性大学。据统计，加州理工学院 2005 年预算超过 5 亿美元，但学费收入只占 3%。学校主要收入来源是：学院科研收入占 48%，社会赞助和投资回报占 40%左右，校办企业收入占 9%左右。① 我国公立高校在这三个方面的收入还有很大的发展空间。《中华人民共和国高等教育法》第 7 章"教育投入与条件保障"中第 53 条规定，"国家建立以财政拨款为主、其他多种渠道筹措教育经费为辅的体制"，从此来完善收费的立法执法。即以财政拨款作为教育经费来源主渠道的同时，还要积极建立其他筹集经费的渠道。国家应该出台奖励及优惠政策以激励高校在不影响办学质量并且尽量确保国有资产保值增值的前提下，利用自身教学、科研、设备等优势资源参与市场交换，加强产学研的合作，增强自身造血功能，拓展办学经费渠道。公立高校应多渠道筹资，扩大高校和社会结合，利用科技和知识优势为社会企业提供服务增加收入。同时，调整研究生学费政策，提高研究生教育成本分担比例。

三、通过税制改革鼓励社会捐赠

1999—2000 年，美国虽然政府投入低至 46.6%，但高校的销售和服务收入比例在 21%以上，另外还有可观的捐赠收入等。② 作为公共财政重要部分，税收应当具备三大功能之一是筹集公共财政收入。从目前看，我国税收筹集财政收入的功能得到了比较充分的发挥，而税收调节社会分配和引导经济协调发展的功能却比较薄弱，我国税法对高等教育事业的捐赠没有相关规定。今后税制改革

① 陈勇. 美国名校尤其私立名校不发学生财[EB/OL]. 新华每日电讯，2005-07-29，http://news.xinhuanet.com/mrdx/2005-07/29/content_3281957.htm.

② 卢品慕. 非义务教育成本与效益分析[J]. 陕西教育(理论版)，2006(Z2).

的方向应该重在强化税收的调节功能，政府还要根据非义务教育的实际情况，进一步加大税制改革的力度，对企业和个人捐赠高等教育实行税收优惠，鼓励企业和个人对高等教育的捐赠，增加高等教育的捐赠收入。通过制定鼓励企业、社会团体和个人捐资助学的法规、措施，如允许对高等教育捐赠列为所得税税前扣除项目，在继承法、遗产税收法中制定有关条款，调动全社会投入支持高等教育的积极性，为高等教育的持续、健康、快速发展创造条件。① 同时根据社会和个人捐赠的临时性、不确定性的特点，加强高等学校对捐赠活动及其管理实践的深入研究，形成对捐赠意向的追踪、落实、完善和监督的"一条龙"管理，使捐赠能形成稳定的、高效的高等教育投资。采取适当政策激励私人部门参加高等教育资助体系。除此之外，公立高校要积极主动向社会各界募捐，政府应出台更加优惠的税收减免政策和其他奖励政策，鼓励并支持企业和个人对高等教育的捐赠行为。公立高校在以上几项收入之外肯定还存在较大经费缺口，这个缺口就是政府应该分担的办学成本。这个缺口的大小是依据学费收入、经营收入和捐赠收入总量变化而变化的。

四、拓展国际教育合作收入

进入21世纪以来，我国高校国际化办学一个突出问题就是输入与输出不平衡，资源严重流失。联合国教科文组织发布的《2011年全球教育摘要》显示，2009年中国仍然是最大的留学输出国，输出51万余人；留学输入人数排第十位，输入6万余人；净流出近45万人，占全球流动学生总数的13.3%。这输入6万余人中公立高校占的份额更少。近年我国高教改革有所突破的一个重要方式，就是引进海外高水平高校进行合作办学尝试，或是在体制外直接办学，出国留学和入读国内大学，这些高水平的中外合作办学高校，让学生有了"本土留学"的机会。公立高校要积极争取中外合作项

① 李进才，张丽萍，范雄飞．当前发展高等教育亟待解决的几个认识误区[J]．高等教育研究，2004(3)．

目，扩大留学生规模，开拓增加公立高校经费渠道，争取更多的经费支持，实现在中外合作办学中的自主地位，努力提高公立高校高等教育国际化水平。

第五节　加强公立高校内部学费管理

一、进一步强化预算管理

传统观点认为，地方财政困境主要源于事权财权的不对等，而事实在于配套的公共财政包括公共预算制度的建立和健全，即很大程度上在于是否强化了资金预算管理。有学者①考察了我国 30 个省(市)财政自主与公共支出效率的可能联系，其中相对财政自主对效率起正向作用，但绝对财政自主对效率起负向作用且一般影响更甚；另外，预算内支出相比预算外支出也有降低效率的明显倾向。说明绝对财政自主不利公共财政效能的提升。因此，我国财政分权应该坚持和推进，同时更应该尽快建立和健全配套的公共财政包括公共预算等控制和问责机制，从而以更少的资源，提供更多更好的公共产品和公共服务。公共支出效率是公共财政和公共管理的关键议题。因为公民一方面期望政府提供更多更好的公共产品和公共服务，另一方面又期望自身承担最小的税费负担，两相权衡，提高公共支出效率就成为公共财政和公共管理的核心目标。为了完成既定的规划任务，政府部门需对任务的工作量进行合理预测，科学地编制项目及政府活动的经费预算。

二、提高资金使用效益

我国现行高等教育学费定价制度以生均成本为基础，为追求一个科学合理的生均成本，提高资金使用效益就成为公立高校学费定价理论研究和制度设计的目标。当前，公立高校为不断提高经济运

① 陈志广．财政自主与公共支出效率：自地方政府实践维度观察[J]．财政金融，2012(1)．

行质量与效益，应做到：一是完善节能管理体制。应建立健全资源节约管理监察机构，明确各部门为降低生均成本完成各种直接、间接工作任务和应承担的责任，并对任务进行合理分解，层层落实到部门各个具体责任人。建立部门业绩评价指标、评价方法及奖惩措施，作为对部门成员业绩考核、晋升、奖惩的依据，对其不当行为实行问责。通过大力开展绩效管理，加大节能监管力度，努力提高公立高校经济运行效率和运营效果，合理配置资源，实现资源效用的最大化。二是建立健全资源节约各项管理制度。制定和完善教学、行政、消费和师生生活管理等具体制度规定，加强经费使用效益管理，从根本上杜绝高校不良运行模式和浪费现象。进一步完善能源统计制度，并建立与之相配套的成本费用效益审计制度，建立节能降耗统计监测体系，完善摸清能源消耗情况底数。进一步落实单位能耗报告制度，将实际绩效与期望绩效或目标任务进行对比，分析其差异，对部门的产出结果与效率、部门行为作出合理的评价，以促进高校健全和落实管理制度措施，接受师生监督。建立经济运行定期分析制度，通过分析查找经济运行中存在的矛盾和问题，提出相关建议和措施。三是加强环境和氛围的营造。综合运用经济、行政、管理、科技和教育等多种手段建设“资源节约型”校园，通过各种途径将节约的理念贯穿于教学、行政、消费和师生生活的各个领域，最大限度地节约资源，提高资源利用率，以尽可能小的资源消耗和教学成本获取尽可能大的办学效益，在保证教学质量的前提下努力降低学费标准。

第六节　完善公立高校资助体系建设

一、加强高校特贫学生“奖、补、减、助、贷”资助力度

国外虽然一些名校学费颇高，但完备的奖学金制度和资助政策削减了学费压力。如：2006 年英国政府根据“同质同价、异质异价、购买力不同、价格不同”的原则有差别地向不同经济条件学生实施的差别收费政策规定：学生无需提前支付学费，而由政府以贷

款的形式为其支付学费，并根据学生的不同经济条件、居住地、学习年限及贷款用处为其提供不同额度的生活费补助或贷款，当毕业生的年收入达到15000英镑时，他需要每月以收入的9%作为还贷金额偿还助学贷款，其还贷年限为25年。2012年，政府将毕业生的还贷起点提至年收入21000英镑，还贷比例依然为月收入的9%，还贷年限延长至30年，逾期未偿还者将由政府核销其债务。① 我国学生和家长分担的高等教育成本比例是比较高的，收费政策必须与资助贫困学生的政策相配套，即开辟“绿色通道”；否则，将影响到高等教育的公平性。我国应借鉴英美发达国家经验，对于那些按照相关标准家庭极为贫寒的优秀学生，实行差别收费政策，进一步完善对贫困学生的资助政策，政府应通过拓宽奖、助学金经费来源渠道，鼓励和支持企事业单位、社会团体和个人设立奖学金或直接对家庭贫困学生进行资助，加大政府奖学金的投入，构建多种形式的高等学校家庭经济困难学生资助体系。扩大奖学金品种和国家奖学金、国家励志奖学金、国家助学金、师范生免费教育、国家助学贷款、学费减免等覆盖面，适当提高政府和高校给学生提供的助学金数额。政府部门和高等院校应积极与社会合作，为经济困难学生开展勤工俭学，增加学生勤工俭学的机会并提高勤工俭学每小时工资标准等，帮助学生用获取的报酬分担部分成本，履行分担的责任。要加大学生资助的力度，最现实可行的办法就是推动助学贷款的发展，结合我国国情尽可能向学生提供较多的助学贷款，逐步扩大国家助学贷款的规模。进一步完善以国家助学贷款为主体、勤工俭学为主，“奖、补、减、助、贷”联动助学的资助体系，构建我国新型高等教育财政助学模式。开展生源地信用助学贷款，建立助学贷款风险基金。按照“风险分担”原则，建立国家助学贷款风险补偿制度和贷款风险基金，从目前的实际出发，加快高等教育成本分担政策下的学生资助制度研究，建立和完善向贫困家庭、贫困学生倾斜的教育经费“二次分配”机制与政策体系，并以较快速度增

① 张春梅，刘义兵．英国“后大众化”高等教育的公平问题及其应对策略[J]．高等教育研究，2013(1)．

加对贫困学生的资助力度。还可借鉴美国“资助包”制度，合理分配助学资源，把政府和社会所有的各种资助，如奖学金、助学金、贷学金、校园工读混合成一“包”，提供给学生以便帮助不同层次的学生解决困难，“其核心是大学通过规范合理的配置，使每个学生都能获得与其困难程度相称的经济资助”①。与此同时，完善我国家庭经济状况认定制度和社会征信系统，建立全国联网的大学生个人信用记录，构建个人信用体系，强化对学生的贷后管理，对故意拖欠贷款的实行严厉惩罚，让助学还款信用陪伴学生终身。通过以上多元化、全方位的大学生资助体系，国家向贫困生提供直接或间接经济援助，满足各个阶层学生需要，保证所有大学生不因经济问题辍学，实现高等教育的机会平等。

二、拓展其他相关的配套政策

高等教育的准公共产品性质适合于通过彩票形式筹资。2001年，全世界共有150多个国家和地区经营彩票业务，仅1996年全世界彩票发行额就超过1200亿美元。② 中国2014年GDP达到63.64万亿元，同期发达国家博彩业收入占GDP的2%~3%，而目前中国合法博彩收入只占GDP的百分之零点几。③。发行高等教育券是在1955年芝加哥货币经济学派代表人物弗里德曼提出的教育券理论指导下的一种教育投入方式。即政府把本该投入到教育中的资金经过折算发给每一位学生，学生凭券可以进行自主选择，到任何一所政府认可的学校，包括公立学校或私立学校就读。其好处在于一方面能保持政府对教育的投入，把看得见的福利发到家长或学生手中；另一方面，又可能通过增加学生对学校的选择权利，促使学校教育在竞争中提高。④ 我国浙江长兴县对此进行了大胆尝试，

---

① 赵立卫. 美国大学生资助的“资助包”制度［J］. 比较教育研究，2005(2).

② 佚名. 彩票业成为世界第六大产业[J]. 江西财税与会计，2001(3).

③ 刘圣文. 中国彩票业发展困境及对策研究[J]. 山东社会科学，2015(8).

④ 曹夕多. 弗里德曼的教育券思想与浙江长兴的教育券实践[J]. 教育与经济，2004(3).

不仅保留了其理论精华，又带上了鲜明的中国特色，引来一些地区的效仿，成为一项具有生命力的实践活动，收到了较好的效果。但目前我国这一实践多限于基础教育，把它运用于高等教育，即把本该投入到高等教育的资金以教育券形式发给接受高等学历教育人口，规定一定时段的有效期，让其根据自己的特点和基础条件自主选择普通或成人、职前或职后的高等教育，这种方式同样是可以借鉴和推广的。

第十章 推进我国地方本科院校发展的若干咨询建议

——基于15所城市综合大学“十二五”发展规划文本的分析

在我国高等教育宏观管理体制改革基本完成后，地方大学已经成为我国高等教育的主体部分，其中副省级城市综合大学作为这类大学的代表已成为我国地方大学的核心，这类大学的发展状况如何关系到能否为我国全面建成小康社会提供不同层次、不同类型的人才保障和对应性强的智力支持。随着我国高等教育进入后大众化，地方本科高校面临着前所未有的发展机遇，同时市场经济体制的建立与完善以及高等教育国际化所带来的对资源激烈竞争，也使这类高校面临着重大挑战。战略规划是战略管理的先导。对于地方大学这样一种庞大、复杂而且承担着重要社会使命的机构来说，战略规划和战略管理是必不可少的。通过科学制定实施学校发展战略规划，不断优化各种资源配置和充分发挥其使用效益，提升其核心竞争力与可持续竞争优势，已成为我国高校实现跨越式发展的有效途径。立志更好地服务地方经济社会发展的城市综合大学，如何既立足国情校情，又紧跟世界发展趋势，结合我国城市经济社会发展需要和学校发展实际，制定面向未来、对学校发展具有长远指导意义的战略发展规划，是一个需要认真研究的重大课题，具有深远影响和现实意义。

地方高校战略管理研究课题组（以下简称“课题组”）坚持以科学发展观为重要指导思想，并在这一思想指导下，研究在高等教育后大众化阶段、服务地方成为高等教育发展时代潮流的背景下，城市综合大学如何更好地承担其所肩负的使命，探究适应形势发展、科学谋划未来战略与对策等一系列热点难点问题，遵循规模、结构、质量、效益协调发展的方针，努力实现城市综合大学战略规划向战略管理转变，在服务地方发展与城市建设中推动学校可持续发展。

课题组认为，实现地方综合大学战略规划向战略管理转变，是提升区域创新和协调发展水平的需要。改革开放 30 多年来，我国经济以年均 9.8%的速度持续快速发展起来，创造出世界经济发展史上持续时间最长、增长最高的“经济奇迹”，这种奇迹是通过区域联动在一个一个行政区域内实现的。有学者依据 2007 年我国 31 个省市自治区高等教育发展水平与创新水平关系的研究发现：我国高等教育发展水平与创新水平具有相似的区域分布特征，我国东部绝大多数省份和湖南、湖北、陕西、四川等几省的高等教育发展水平和创新水平都相对较高，其他省市则相对较低；高等教育发展水平对区域创新水平具有显著的正效应。① 而相对较高的我国东部绝大多数省份和湖南、湖北、陕西、四川几省，正好与我国 15 所副省级城市综合大学分布区域相吻合。“十三五”时期是我国全面建设小康社会的攻坚时期，国内外发展环境更加错综复杂，新一轮科技革命和产业变革蓄势待发，我国经济长期向好的基本面没有改变，经济发展进入新常态，向形态更高级、分工更优化、结构更合理阶段演化的趋势更加明显。新型工业化、信息化、城镇化、农业现代化深入发展，新的增长动力正在孕育形成，新的增长点、增长极、增长带不断成长壮大。全面深化改革和全面推进依法治国正释放新的动力、激发新的活力。② 在这样一个大的宏观背景下，我国城市特别是副省级中心城市正面临着非常严峻的挑战：一方面，工业化、信息化、城镇化、市场化、国际化深入发展，同时空间匮乏、能源短缺、环境污染等，都有可能把城市变为文化、社会和精神的荒地；另一方面，地区发展的不平衡长期普遍存在，区域协调

① 吕艳，胡娟. 我国区域高等教育发展水平对区域创新的影响分析[J]. 中国高教研究，2010(10).

② 胡鞍钢，鄢一龙，姜佳莹. “十三五”规划及 2030 年远景目标的前瞻性思考[J]. 行政管理改革，2015(2).

发展的压力仍然很大，同时城乡利益关系不断出现新的不协调问题。① 提升区域创新水平、促进区域协调发展是我国的一项长期战略方针。“十三五”时期，为推动区域协调发展，我国将制定实施一系列政策措施，这些政策的实施和问题的解决都离不开城市综合大学至关重要的作用，需要它们通过运用创新的观点和思维，寻找综合性的解决方案，不仅使大学本身得到快速发展，而且更有力地促进城市乃至区域经济社会获得可持续发展。大学战略管理是高等学校宏观管理中具有先导作用的关键环节，实施战略规划向战略管理转变，是高等学校为使教育更加有效地满足学生乃至社会需要而进行的宏观管理和决策的过程，能有效提升地方综合大学教育质量和服务地方能力，对于提升区域创新和协调发展水平乃至全面建设小康社会任务的完成意义重大。

现阶段，我国高等教育必须解决三个重大现实问题：一是在规模适度扩大的同时努力拓展优质高等教育资源，重在提高高等教育质量，尤其是人才培养质量；二是在提高质量的长期过程中合理配置有限的优质高等教育资源，大力促进高等教育公平，尤其是入学机会公平；三是积极推进高等教育国际化，不断提高中国高等教育的国际影响力，尤其是在国际学术界的话语权。② 课题组试图通过研究地方经济社会发展需求与城市综合大学发展的各种关系，坚持加速内涵发展，寻求加强科学谋划、提高教育质量的路径，不断满足城市经济社会发展对城市综合大学的要求。

课题组认为，实现地方综合大学战略规划向战略管理转变，是加速推进自身跨越式发展的需要。大学的跨越式发展是指大学抓住有利时机，在一定时间内以较快速度发展，使办学水平和学校地位迅速提升，实现对先进大学的超越。③ 如果说以往高校的竞争表现

---

① 张平. “十二五”规划战略研究(上)[M]. 北京：人民出版社，2011：1-10.

② 钟秉林. 加强科学谋划 提高教育质量[J]. 中国高等教育，2016(1).

③ 李立国，刘向兵. 比较优势、竞争优势与中国研究型大学跨越式发展研究[J]. 清华大学教育研究，2005(2).

为生源、科研项目、经费的争夺，今天的竞争更多地来自自身的生存而进行的全面竞争。高等教育正变得更加个性化，并呈现多样化发展趋势：竞争的自主性增强，在竞争中拥有更多自主权，竞争领域扩展，在这样的条件下城市综合性大学唯有实施跨越式发展，才能在竞争中掌握主动权。而大学进入跨越式发展期以后在管理上也发生了一个重大转变，它要求其发展是可控的，其结果是可以预期的，其频率是可持续的，其积累是更有质量的。“知识社会要求高等教育系统和机构内部承担各种日益多样化的角色，这包括为促进研究卓越、鼓励教与学创新、开发服务社会的新途径等方面提供支柱和网络。”①城市综合大学跨越式发展的过程，是自身核心竞争力持续增长的过程。只有运用现代战略管理理论和实践，才能促成具有竞争优势资源和能力的大学竞争力的提升，特别是大学竞争力中那些最为关键的、最能使大学获取和保持竞争优势的强势要素(组合)得到巩固和加强。现实中，副省级城市综合大学绝大多数是改革开放后兴起或合并组建的，在改革中不断发展壮大，但它们始终处于高教领域的边缘，积累了很多矛盾和问题。这类城市地方大学的发展方向在哪里？副省级城市综合大学作为我国高校格局中的一支重要力量，如何在外部环境不断变化和形势严峻的情况下求得更大生存和发展空间？如何结合地方发展实际需求在服务地方中办出特色，求得地方更大力度的支持，扩大其影响，提高自身办学实力和办学水平？制定和实施战略管理是地方综合大学发展的内在需要，只有制定和实施战略管理，才能有效解决这类大学的现实问题，促进大学内涵发展、自主发展，从而促进城市综合实力和办学水平的全面提升。

课题组认为，实现地方综合大学战略规划向战略管理转变，也是这类大学参与国际国内竞争中立于不败之地的需要。高等教育作为一项公共事业，面对当前和未来全球挑战的复杂情况，肩负着增

① 熊建辉. 2009 年世界高等教育大会公报：高等教育与研究在促进社会变革和发展中的新动力[J]. 世界教育信息，2009(9).

强人们对社会、经济、科学和文化各方面问题的理解及其应对能力的社会责任①，成为在促进社会变革和发展中的新动力，由此也引发世界高等教育前所未有的竞争。近几年我国高等教育出现的“三放弃”(放弃高考、考上放弃填报高考志愿、录取放弃入学)学生队伍逐年扩大，例如，2011 年，有 63 名新生主动放弃了上湖北某“985”工程大学的机会，也造成了生源的减少。更为不可忽视的是，出国留学也成为造成高校生源“抽血效应”的重要原因。据教育部最新统计，2014 年度中国出国留学人员为 45.98 万人，较 2013 年增加了 4.59 万人。从 1978 年至今，累计出国留学总人数达到了 351.84 万人。近十年来，中国出国留学人数翻了两番，出国留学人群日益壮大，且保持了一定程度的增长速度。② 我国已成为国际学生流动中的主力，美、英、澳、加，以及日本和东南亚国家高等教育最大的生源输出国。国内与国外高校、国内不同层次高校以及同类型高校之间对高等教育市场分割的竞争，已呈现出前所未有的激烈态势，高校对社会资源竞争的程度更加激烈。尽管 2013 年 11 月《中共中央关于全面深化改革若干重大问题的决定》提出了“单独二孩”政策，不可避免地带来高等教育学龄人口波幅大、波形多，预计 2036 年达到峰值 7103 万人左右。但“单独二孩”政策对高等教育学龄人口的影响将发生在 2032 年后，此前的“十三五”与“单独二孩”政策没有多大关系。③ 生源下降、扩大入学给高等教育的质量带来了挑战，而质量保障是当前高等教育至关重要的任务。④ 我国高等教育在经历了十多年规模扩张之后，教育发展方式发生了根本性的转变：从以规模扩张和空间拓展为特征的外延式发

① 熊建辉. 2009 年世界高等教育大会公报：高等教育与研究在促进社会变革和发展中的新动力[J]. 世界教育信息，2009，(9).

② 大数据为您解读：2015 年出国留学发展状况调查报告. heep.cq.xhd.cn.

③ 姚引妹，李芬，尹文耀. “单独二孩”政策下我国受教育人口变化趋势研究[J]. 教育研究，2015(3).

④ 熊建辉. 2009 年世界高等教育大会公报：高等教育与研究在促进社会变革和发展中的新动力[J]. 世界教育信息，2009(9).

展，转变为以提高质量和优化结构为核心的内涵式发展①，必须切实提升质量、走内涵发展之路。因此，不论是应对国内生源数量减少、波动，还是参与国际竞争，地方高校特别是城市综合大学面对挑战的治本之策在于努力提高质量，办出自己的特色，关键是实施战略管理，把中国高等教育切实做“高”做强，这是参与国际国内竞争中立于不败之地的首要条件。

课题组认为，“十三五”时期是我国全面建成小康社会的决定性阶段，这一时期，经济发展进入新常态，经济发展动力转向新的增长点，城市综合大学实现从战略规划到战略管理转变，不仅是一个高等教育发展战略的问题，更是关系到地方高等教育乃至我国高等教育发展全局的问题；不仅是一个教育宏观管理问题，更是推动经济社会在新常态下健康运行的问题；不仅是一个教育创新问题，更是关系我国释放人才创新潜力，促进经济增长由主要依靠劳动力向优势人力资本优势转变，实现经济、社会发展可持续发展的问题。

根据本研究成果，特提出如下咨询建议，供教育主管部门和地方高校决策参考。

建议一：提升领导阶层的思维观念
明确战略选择的科学依据

现实状况：

高校的发展，与拥有注重战略规划、有能力实施战略的领导集体和领导密不可分。现实中由于高校自主发展的理念树立得尚不牢固，学校发展受到政府与社会的影响和限制较多，主要领导精力更多投入日常管理工作，却忽视战略规划对学校长远发展的重要影响。制定的战略规划往往计划有余，战略思考和构架明显不足，缺

① 赵应生，等. 转变教育发展方式：教育事业科学发展的必然选择[J]. 教育研究，2012(1).

乏可操作性。从战略思维上看，目前存在几种典型的错误模式：一是过度依赖政府型，有的高校将上级主管部门的所有要求都纳入学校阶段性发展目标，看似很讲政治、原则性强，实际上违背了马克思主义"实事求是"思想路线，脱离实际，过分考虑政府的期望和立场，使战略规划缺乏现实基础；二是盲目社会需求型①，有些高校缺乏对现实社会的本质把握，将所谓的战略目标盯在社会需求上，但是由于信息不对称，不能很好地把握市场需求，加之随着我国全面建成小康社会进入决定性阶段，经济正处于一个急速发展的转型期、过渡期、关键期，各项改革进入攻坚期和深水区，社会发展中多样化矛盾凸显，面临着诸多新形势、新问题，面对各项改革给社会现实带来日新月异变化，制定的战略规划缺乏前瞻性、稳定性，不能真正付诸实施；三是单纯的指标增长型，有的高校片面地理解发展规划的核心要义，简单地把提高学校某些办学指标作为发展战略目标的全部内容，使发展规划缺乏科学性，无法实现推动学校科学发展的真正目的；四是领导愿景唯是型②，有些大学领导只听上级主管部门的指示，只按上级领导的指令办事，不尊重客观事实，不一切从实际出发，尽管胸怀办一流地方大学的崇高理想，但因盲目地制定了不切实际的战略规划，往往使规划难以形成完整科学的规范体系，随波逐流的选择无法指导大学的实践发展。

对策建议：

树立涵盖和统筹各级各类教育、先进的大教育观和教育价值观。我国城市经济社会发展的不平衡决定了人才规格的不同类型和层次要求，既需要知识广博高深的拔尖创新人才，也大量需要具有一定理论基础和较强实践能力的应用性人才。城市综合大学要立足

① 任梦，吴爽. 教学型高校战略规划制定中存在的问题及建议[J]. 内蒙古师范大学学报(教育科学版)，2011(1).

② 刘义. 地方高校战略规划研究[J]. Proceedings of 2013 International Conference on Education and Educational Research (EER 2013), 2, 2013-08-11.

城市，协调政府部门和社会关系，找准为城市服务的切入点，合理配置教育资源，在服务城市的过程中不断发展壮大自身。要牢固树立科学发展观，提升领导阶层的战略思维和应对挑战的能力，加强对关系学校全局的、长远的、根本性重大问题的科学谋划和实际问题的把握，提升战略思维的规划实操能力，切实在科学发展观的引领下认真研制并组织实施教育战略规划，用战略思维来思考学校深层次发展问题，以更加切合学校发展实际。要树立科学的教育政绩观和统筹协调的管理观念，摒弃盲目求大、求高、求全等不切实际的办学思想，统筹规模、结构、质量、效益(速度)四者关系，努力促进四者协调发展，综合考量多种因素，制定推动学校科学发展的战略规划。要运用战略思维来思考学校的发展目标和实现路径，让学校自身条件与所遇到的战略机遇相适应，根据学校发展的实际情况，制定真正能推动学校科学发展的战略规划。要树立富有时代内涵的人才观和多样化的质量观。以办人民满意高等教育为宗旨，把城市经济社会发展对人才需求作为最高标准，重点为区域经济建设和社会发展培养有用人才。

面对当前我国全面综合改革时代的复杂局面和利益格局调整，城市综合大学战略决策者应从纷繁的高校管理日常事务中“解脱”出来，集中主要精力投入学校的战略思维，客观研判内外部环境变化的新形势，全面深入思考学校的使命与发展目标，以及实现其发展目标所需的战略战术、技术机制、人力资源和物力保障等安排，要从时代、国家意志和地方高等教育发展的趋势出发，集思广益，充分听取专家、校内各界和各利益相关者的意见建议①，进行战略规划的科学选择，承担学校和自身应承担的责任。制定必要的重大战略和政策，强化执行力确保战略与政策的“落地”。打破依附政府的惯性逻辑思维，重构“行政权力”与“学术权力”的均衡，推进学校治理结构的现代化。只有在认真听取专家学者、师生、社会不同群体的意见建议中掌握方方面面的利益诉求，通过规

① 刘义. 地方高校战略规划研究[J]. Proceedings of 2013 International Conference on Education and Educational Research (EER 2013), 2, 2013-08-11.

划的实施使广大民众得到实实在在的获得感，才能把握战略规划的正确发展方向，使制定的规划真正成为顺应时代和“民意”的战略规划，充分有效推动学校发展，其实施结果才能更加体现科学价值。

建议二：准确进行自身发展定位 明确高校发展战略目标

现实状况：

学校自身的定位不明确，如不能有效识别学校在高等教育系统中的类型定位，前教育部长周济指出：“长期以来，许多大学没有真正解决好学校的定位问题，盲目提高办学层次，从而形成无序竞争，造成教育资源的浪费”。① 高校进行环境分析与战略目标、发展举措直接关联。高校进行环境分析的目的是为了在制定实施战略规划时，更好地把握学校的未来活动受制于哪些因素，区分这些影响因素的性质、影响程度，学校可在哪些方面做出积极的回应，从而宏观地把握学校发展的正确方向。② 如果内外环境因素发生变化而使战略目标不恰当，则必须及时调整原设定的战略目标，确保大学战略管理活动的科学性、适切性和稳定性。在制定规划时进行环境分析，不能被动地应付，而应是具有前瞻性地主动应对。目前我国许多地方高校不能充分进行环境分析，对学校自身的优势、劣势以及外部环境中机遇与挑战的认识不清晰，因而很难制定切合学校自身发展和社会需求的战略规划。此外，许多高校的战略规划缺乏研究的全面、科学、系统，对自身专业学科特色缺乏论证，没有对规划成本和风险进行有效分析，一味强调超常规和跨越式发展，实

---

① 楼锡锦. 高校发展与战略规划制定[J]. 教育发展研究，2006(8).

② 刘义. 地方高校战略规划研究[J]. Proceedings of 2013 International Conference on Education and Educational Research (EER 2013)，2，2013-08-11.

为以牺牲质量为代价。这些因素都直接影响战略规划本身的科学性，也制约着规划目标未来的实现成效①，使规划实施缺乏保障体系基础。

对策建议：

编制高校发展战略规划的首要问题是必须完成基于科学环境分析和系统研究基础上的学校办学定位；否则，就不可能对学校的愿景与使命进行明确而适切的展望，大学资源配置的准则也就失去了客观依据，更谈不上制定发展战略规划科学性，也就无法在新常态下实现转型发展。科学定位，首先要确立发展科学方位。将确立大学的使命和对愿景的描绘作为制定战略规划的重要步骤。要拥有世界眼光和促进我国经济社会良性快速发展的使命感，力求为所在城市的文化、经济、社会生活中起到独特的作用并作出贡献。明确学校定位，确立准确科学方位，需要树立"三观"，即地区观：作为城市举办高等教育的主要力量——城市综合大学，与地方政府、工商界和社会相关部门全力合作，通过培养熟练、高效而灵活的劳动力，创造运用以及传播新思想、新技术，把学校发展成为以知识为本的社会。国家观：力争成为中国副省级以上地区性的优秀大学之一，积极为国家全面建成小康社会和区域经济社会发展作出应有的贡献。世界观：作为城市综合大学，瞄准世界同类大学可追赶目标，在一个或多个领域确立可追赶目标并力争取得突破。

办学定位是一所学校的方向标，统领学校工作的全局，引导学校的改革与发展方向。② 科学谋划大学发展，首先要明确学校自身发展的定位，选择适当的方法进行环境分析和把握，设立阶段期许和可实现的战略目标。美国成功学大师安东尼·罗宾斯曾提出一个成功的万能公式：成功=明确目标+详细计划+马上行动+检查修正

---

① 刘义. 地方高校战略规划研究[J]. Proceedings of 2013 International Conference on Education and Educational Research (EER 2013), 2, 2013-08-11.

② 丁亚金. 我国城市综合大学发展对策研究[J]. 学理论, 2013(10).

+坚持到底。① 从这个公式我们可以看出，推动地方高校快速发展，还要明白我们的目标和详细的计划，即设立阶段期许和可实现的战略目标。高校要明确自身的办学类型、学科布局、人才培养目标、办学特色，分析出学校自身的优势和劣势以及外部环境中的机遇与挑战，才能有明确的战略愿景，确定符合学校发展的战略目标。② 其次，明确指向性、针对性更强的阶段性期许。要清晰认识学校发展意向如何落实到阶段性任务中，将目标的意图及可测量性与学校现有基础条件有机结合起来，确立学校一定时期的工作任务，使学校使命更加具体和更具实操性。李克强总理在《2015 年政府工作报告》中提出，要“引导部分地方本科高校向应用型转变”。应用型高校具有社会适应性强、重视培养复合型人才、区域化优势明显、办学效益显著等特点。城市综合大学应结合自身的专业、学科特点以及应用型大学的共性特征对内、外部环境进行分析，可从教学、科研和管理等领域入手，分类统计影响学校发展的有关数据，从而获得对学校发展水平、阶段和发展要素的准确认知。③ 不同的学校有不同的基础和条件，只有在对学校现状进行深入分析的基础上，充分地认识自身的优势所在，结合自身特点准确定位，才能在制定学校战略规划时抓住主要矛盾和矛盾的主要方面，明确战略发展目标，以制定出系统中突出重点，可行性与前瞻性兼备，又与时俱进的战略规划。而对现状的分析应建立在精确数据的基础之上，注重学校间的数据统计和信息交流对各个高校来说也具有重要的意义。④ 依据办学传统、教育规律，特别是区域社会经济、文化人才需要发展等方面来综合确立和实施学校战略规划，才能更加彰显自己的特色。

---

① 肖剑政. 谈如何设计自己的职业规划[J]. 中国电力企业管理，2016(5).

② 高洪源. 大学战略管理[M]. 重庆：重庆出版社，2006：1-3.

③ 时明德. 中国教学型大学战略管理理论体系的构建[J]. 洛阳师范学院学报，2008(1).

④ 范国睿. 学校管理的理论与实务[M]. 上海：华东师范大学出版社，2003.

建议三：成立规划编制专门机构　完善战略规划实施运行机制

现实状况：

目前，许多地方高校编制战略规划没有进行发展规划工作的专门机构，主要是学校办公室、高等教育研究所和学科建设办公室合署制定或某个部门牵头制定，学校将规划编制视作学校阶段临时性工作或一般行政管理事务，甚至没有专业的规划人员参与，对大学战略规划制定的中外科学理论及其成功案例、外部环境、内部校情等缺乏深入系统的研究；同时，没有战略规划制定与实施健全完善的机制，二者容易脱节，成为制度不健全的必然后果；没有配套的制定评价和监督制度，战略执行的政策性不强，往往会出现一个领导一套方案、规划途中多变和流于形式等情况，长期稳定的战略和实施运行机制成为空话。大学发展规划研究是当今大学实施战略管理的重要组成部分和必要手段，其核心问题是要研究学校的发展现状，分析学校发展所面临的机遇和挑战，对学校发展中存在的问题做出诊断，正视其中的困难和实质性问题。由于战略管理意识淡漠，战略管理缺乏深入的战略研究，缺乏对其支撑的现代理论的较好掌握，缺乏对国内外、主客观形势有深刻准确的判断，有的虽制定了战略规划，所作对外部环境的适应性较差，仅具有一定的短期效应；有的规划不够清晰、准确，缺乏系统性；也有的目标定的偏高或偏低，缺乏导向性或形同虚设；有的规划文本起草工作完成后，没有进行必要的民主决策、专家论证程序，不仅缺乏权威性，也有悖科学民主原则。

对策建议：

学校成立通过“代表制”组成的高校战略规划研究专门机构，成员由领导专家、各院系、处室负责人及师生代表等组成。也可以将学校内原具有政策研究职能的机构与规划部门整合，通过组织功能再造形成和完善负责制定发展战略规划的专门机构，必要时大学可聘请外部的规划咨询专家来帮助学校进行规划的制定。① 如2000年青岛大学“十五”发展规划的编制，就是邀请华中科技大学教育科学研究院研制完成的。当时青岛大学处于四校合并后的磨合期，人们对新的青岛大学未来发展目标难以达成共识，华中科技大学教育科学研究院专家帮助青岛大学厘清了学校发展的一系列重大问题，明确了发展定位和发展目标。该校坚持用科学发展观指导办学实践，全面落实规划提出的各种战略及相关措施，取得了较好的发展成果。② 这样就做到了规划执行的完整性、权威性，保证了一所大学战略规划方案的执行效力，不因领导的频繁更替而反复更改。高校在编制战略规划过程中要重视决策研究，使科研机构的研究成果在学校发展相关政策能得到很好地吸纳和传承。加强地方高等教育战略管理理论研究，从教育与外部环境的关系出发，通过科学方法和手段分析预测学校未来的发展；把研究学校发展现状作为核心问题，加强科学论证，通过对“部分”的研究，最终获得对“整体”产生影响的结论，使学校内部各个子系统之间相互作用、相互影响，最终形成良性循环，制定出科学、可行、优化的学校战略发展目标，以及战略重点、实现路径和主要对策。要把主要精力放在研究如何成为区域最好的大学，需要考虑内外部两个互为补充的层面。外部层面即政府层面，关注国家、省各级政府的作用以及可以提供给高校用于提高水平建设的资源；内部层面即学校层面，涉及学校为了实现规划目标而进行的必要改革和采取的必要举措。③ 要在实践中不断丰富和完善发展理论，并用以指导战略管理实践，通过拓展服务功能服务地方使学校获得长足的发展，不断提高战略规划的质量。

---

① 刘义. 地方高校战略规划研究[J]. Proceedings of 2013 International Conference on Education and Educational Research (EER 2013), 2, 2013-08-11.

② 别敦荣. 大学发展战略规划的制定与实施——青岛大学案例研究[J]. 高等工程教育研究, 2010(1).

③ 王琪，程莹，刘念才. 世界一流大学：国家战略与大学实践[M]. 上海：上海交通大学出版社，2011：3.

建议四：突出学校战略发展重点
明确实现目标所设定步骤

现实状况：

大学战略规划应与操作管理相联系，为大学宏观、中观和微观管理及其决策提供共同的背景和共同的假设。战略规划的制定是一系列步骤的综合，即在分析环境的基础上为实现一定目标所进行资源和任务的分配、实施与评估，在既定程序指导下形成战略的过程。① 但实际情况是，规划编制执行与学校年度日常工作及资源分配、结果评估与年度考核出现"两张皮"，往往把较高的办学规模增长预期作为最重要的规划基点，忽视总体规划与年度日常工作，规划整体与部分、子系统与子系统之间的相互衔接配合，学校规划与年度各项工作缺乏协调性。规划与资源状况及分配不匹配，规划实施保障力量的有效性不高。在实际工作中没有把规划真正提到重要的议事日程，不能落实到部门的具体工作之中。没有形成从战略评价全过程的管理流程，没有制定规划实施结果规范性的评价标准，没有形成与具体部门负责人单独确认目标过程的机制，且执行过程大部分是分开进行，难以有效解决部门计划与整体战略之间的分歧，难以实施持续的战略控制，没有落实相应职能部门对规划进行评估的职责。②

对策建议：

高校战略管理的目的是推动学校快速发展和提升竞争力，要重视教育观念变革在制定规划及改革发展实践中的重要先导作用，做好学校的顶层设计，提出类似规划建议书或"规划纲要"。多数欧美大学的战略规划步骤框架是：确立使命、愿景和战略意图；环境

① 杨天平. 教育战略规划与管理[M]. 重庆：重庆大学出版社，2010：180.

② 任梦，吴爽. 教学型高校战略规划制定中存在的问题及建议[J]. 内蒙古师范大学学报(教育科学版)，2011(1).

评估；确立目标；战略行动；战术执行；战略评估和评价等核心内容。循环过程的结果包括：含有长期目标和发展战略的战略规划，含有主要举措的年度操作性行动计划，实施规划的具体行动或举措，规划实施的进展监控报告等。① 规划编制过程中要注重广大师生员工的参与性，注重“站在校外看学校”，邀请校外有关专家参与规划编制重要问题的研讨，邀请城市发展重要行业、用人单位有关负责人参与学校发展规划的研制，使城市综合大学突出学校战略发展重点，适时调整办学方向、专业设置，注意不同层次、不同方面的结合，探寻多样化发展之路，更好地发挥大学职能服务城市发展，推动城市全面发展进步。要加强总体规划与专项规划、子规划的衔接，做好学校规划与部门、学院规划的互动，保证各项规划之间的协调、呼应和衔接。通过制定和实施战略规划，使学校发展的结果成为师生员工可以预期、可以感知的进步，提高规划在学校发展中的有效性。通过对规划规范操作流程控制，使学校的使命和愿景既志存高远，又脚踏实地；既要充分体现城市综合大学对于所在城市的文化、经济、社会发展所起的独特价值和贡献，又要体现出对政府、教职工、学生、其他投资人、校友等利益关系人的关照，并与城市、区域始终保持紧密联系。通过制定和实施发展战略规划，明确各阶段要求，规范规划流程，从规划的制定、实施到评估都遵循科学规范要求，有效提高规划在学校发展的系统性、科学性，以战略管理推动学校快速发展。②

建议五：做实规划实施考核评估
落实预期战略任务目标

现实状况：

战略管理缺乏刚性约束，规划无约束性指标，在实际工作中，

① 刘念才. 英国高等学校战略规划指南. http://law.swjtu.edu.cn/T214.

② 别敦荣. 大学发展战略规划的制定与实施——青岛大学案例研究[J]. 高等工程教育研究，2010(1).

重规划编制，重规划指标设置，轻规划实施，轻实施效果评估。实施计划是战略规划的重要组成部分，有的规划编制完成后，没有对规划制订分步实施计划，没有科学设置规划指标，将战略目标、战略措施的规划指标进行细化分解，就无法对战略规划的实施结果进行有效的评估和考核。在战略管理中缺乏有效的绩效考核，也不具备战略预警体系和反馈体系。总规划与专项规划，专项规划与子规划间不能很好衔接、匹配，专项规划、子规划对上位规划不能提供保障和有力支撑。上级主管部门对学校、学校对内部没有进行规划实施效果评估，并不按照规划执行情况划拨经费等资源和考核任用干部。战略管理缺乏战略规划引领，规划成为应景之作，纸上写写，墙上挂挂，甚至将规划"束之高阁"。缺乏有效的控制、评估机制和手段，规划不能有效推动学校的改革发展，推动管理科学化；不能有效指导年度日常工作，确保教学资源的充分利用，实现预期的战略目标，提高办学水平和社会效益。一所没有战略规划和管理的大学，尽管办学很努力，也有可能长时期走不出原有的圈子，更难以实现突破性进展。

对策建议：

加强关键战略目标的绩效评估考核。评估是一种价值判断，战略评估是临近战略实施并对战略实施的绩效进行系统性评估的过程。要摈弃一些传统考核指标，使科技创新竞争力、学校对城市贡献率等成为可量化的实实在在的指标。要建立科学合理的"规划目标的评估修正机制"。战略评估的结果可以作为调整、修正甚至终止战略的合理依据。只有战略的制定是远远不够的，高校还应该加大监督和评价的力度，扩大参与人员的广泛性。制定学校战略规划指南，帮助学校管理者、师生将规划纳入年度工作计划，抓住战略管理关键环节——规划、形成文件、实施与控制，有效实施规划，让大家都明确学校面临的形势、目标、任务、发展重点和所采取的措施。学校要制定规划考核相关文件和制度，形成规范性的考核评价标准，在学校战略规划编制机构明确相应的监督、评价人员从事这项工作。同时，学校也应该借助外部监督和科学评价机构完成的大学科学评价等相关科研成果对本校战略规划执行情况进行考核和科学性的鉴定。① 在机制不断完善的过程中，以未雨绸缪的心态，强化应对各种危机、风险等的措施，使制定的战略规划具备更高的科学性和系统性，在不同发展阶段制定相应的战略目标和举措，从而有效推动学校的快速发展。② 如：近些年随着我国现代化进程加快，铁路、公路、地铁、轻轨、高铁、隧道、桥梁等工程建设所需高层次工程技术人才需求持续加大，要求学生具有国际化理念，对“双师性”教师要求更高。城市综合大学应在人才培养目标、人才培养模式改革和师资队伍建设等方面予以呼应与关照，与城市进行办学接轨、人才接轨、工程接轨、质量接轨，努力将学生培养为具有国际化素质的人才，知道如何对待自己，如何对待他人，如何对待周边环境，通过正确处理学校战略规划系统的功能结构与城市的良性互动关系，使规划最终实现理想目标。要定期进行规划实施的进展监控报告，同时，学校规划在执行过程中要坚持实事求是的原则，注意根据学校内外部环境不可预见的变化和执行中出现的新问题，适时对战略规划做出绩效考核，客观地分析总结执行效果和对措施、指标等相应的调整，避免教条式地坚持原来编制的规划。

建议六：适应教育发展方式转变努力提高高等教育质量

现实状况：

现代社会中的任何组织都不可能实现资源的自给自足，大学更是一个资源依赖型组织。中国大学往往重视争取政府的资源供给，

---

① 姚纬明，余达淮，曹菱红，等. 高等教育管理[M]. 南京：河海大学出版社，2004：99-126.

② 俞俏燕. 论英美地方大学和地方的共赢模式[J]. 教育评论，2012(8).

由于我国政府通过采取分层策略实现了高等教育系统明显的等级化，加上国家在重点支持重点大学建设的政策下，不同层级的大学同台竞争，形成了资源竞争中强者恒强、弱者恒弱的马太效应。部属高校在竞争中获得积累优势，资源的获取能力越来越强，资源更加集中于这些高校；多数地方高校在教育经费投入、学科建设、基地建设、申报项目、申报奖项等各种资源中越来越缺乏竞争力，明显处于弱势地位，面临生存环境的危机。① 受到特定环境的制约和传统高等教育发展惰性的牵制，面对日益增长的高等教育规模增长，高等教育质量提升始终是地方高等学校面临的重要现实问题。

对策建议：

第一，健全完善现代大学制度。实施依法治校，落实大学“章程”，增强学校科学发展动力，保证办学行为在国家相关法律法规框架下进行，确保党委领导下的校长负责制落实到位，推动学校发展理念、战略目标的实现。第二，适应城市经济发展方式和经济结构转变，科学全面地把握学校发展面临的外部有利条件和不利因素，充分利用有利条件、政策，不断挖掘发展潜力，争取创造有利条件弥补发展缺陷。根据城市社会经济发展和产业结构调整需要，调整学科结构、专业结构、生源结构、办学层次，积极围绕支柱产业，高新技术、现代服务等新兴产业，大数据时代的智慧城市建设，高起点、高效率、有重点地建设特色学科专业②，培育打造综合性、地方性、应用性特色。第三，借鉴美国等高等教育发达国家的成熟经验，加快高等教育质量提升体系建设。这种体系可由 4 个方面构成：具有独立性的质量外部监督主体、高校参与质量管理的竞争性、不断完善的质量保障体系和常态化的认证工作。③ 要坚持

① 丁亚金. 后大众化背景下地方高校发展策略研究——基于对 J 大学的个案研究[J]. 职业技术教育，2014(2).

② 别敦荣. 论高等学校发展战略及其制定[J]. 清华大学教育研究，2008(4).

③ 陈小尘，胡弼成. 美国高等教育质量管理及其借鉴[J]. 高教探索，2010(1).

质量第一的评价导向，积极创新办学体制，建设创业型大学（学院）；针对大学生自主创业的特点，健全有利于创新人才成长科学合理的高校分类评价标准；建立以政府、企业、社会团体等用户评价为主的多元评价机制，把解决地方经济社会发展需求的实际贡献作为评价高校的核心标准；改进高校绩效评估管理体制，并将其考核评价结果与招生指标、经费拨款、相关考核等挂钩。建立完善高等教育质量认证制度，定期修订认证标准和认证政策，解决高等教育面临的新问题。第四，把握新工业革命时代特征及人才特征，加快人才培养模式改革，加强教材的改革与开发利用，探索校企协同、科教协同、行业协同、国际协同等创新人才培养新模式，不断完善学分制等制度，更好地适应城市经济社会发展的新要求，调动学校全力以赴提高教育质量的积极性和学生自主学习的积极性。第五，由于不断深化的学校人才培养模式改革与高校发展定位、学术治理结构和管理体制机制等密切关联，必须举全校之力，从教育观念、制度建设、教师队伍、培养方案、教学过程和质量保证等方面统筹设计和系统改革，以确保质量提升取得实质性的效果。① 第六，加大科技创新，促进科技成果转化，开展多种形式科技服务地方项目，不断提高科研创新水平和服务地方发展能力。

建议七：深化高等教育综合改革
提升学校发展核心竞争力

现实状况：

根据教育部统计数据，2015 年我国在校大学生规模达到 3700 万人，高等教育毛入学率达到 40%，高于全球平均水平，提前实现了国家教育规划纲要提出“到 2020 年，高等教育毛入学率达到

① 钟秉林. 加强综合改革 平稳涉过教育改革“深水区”[J]. 教育研究，2013(7).

40%”的目标。2014年，全国高考录取率约为74.33%。随着教育规模的不断扩张、教育体制改革乃至国家全面综合改革的逐步深化，教育利益相关者增多，不同利益群体强烈地表达自身的利益诉求，其价值取向呈现出多元化趋势，使地方高等教育面临诸多挑战。① 教育改革发展过程中众多矛盾风险和热点难点问题的产生，有着多方面和深层次的体制机制原因。如何处理与本地政府的关系，如何处理好与省级行政教育主管部门和教育部的关系，是城市综合大学必须正确面对的一个问题。② 与部属高校只接受教育部的管理相比，城市综合大学除了要接受教育部、省级行政教育主管部门的管理外，还要接受所在城市政府的管理。一方面，面对的“婆家”越多，自主办学的空间就越小，在某种程度上，被动接受管理与自主办学之间存在矛盾和冲突。另一方面，城市综合大学的这种管理体制也有它的优势，可以得到各级管理部门的共同关注和支持；但实际情况往往是管业务的不出钱，出钱的不管业务，使得城市综合大学在争取上级政策和自主利用办学经费出现矛盾，从而影响办学效益。③

对策建议：

大学使命和愿景指明大学未来发展的方向，直接与确立大学的奋斗目标和行动准则相关联。大学规划提供的这种明确方向意识和发展指向性，对于学校改革来说是一个重要基础和巨大推动力，但发展目标的实现必须通过深化改革才能实现。在我国高等教育大改革大调整的背景下，城市综合大学应着力推动现代大学制度建设，制定和完善学校“章程”，积极发挥学校理事会或董事会、学术委员会的作用。④ 在我国，政府主导型的经济体制没有实现根本转

① 钟秉林. 加强综合改革 平稳涉过教育改革“深水区”[J]. 教育研究，2013(7).

② 丁亚金. 我国城市综合大学发展对策研究[J]. 学理论，2013(10).

③ 丁亚金. 我国城市综合大学发展对策研究[J]. 学理论，2013(10).

④ 丁亚金. 我国城市综合大学发展对策研究[J]. 学理论，2013(10).

型，政府举办高校的教育体制也没有实现突破，地方大学无论是自身的发展，还是与地方建立各种长效合作机制都离不开政府的扶持。① 加强政府引导是地方大学实现跨越式发展的重要保证。要充分认识地方政府的作用，理顺学校与政府的关系，尽可能地将学校发展规划纳入所在城市经济和社会发展的总体规划，促成学校发展理念和规划重点项目能够最终融入省教育规划大的领域，为学校未来发展奠定强有力的法律保障。要加强学校发展与城市重大发展战略、重点支持方向的衔接，争取上级在政策、建设资金、校园土地等方面给予学校支持，得到地方政府的可持续支持，形成不断壮大竞争发展优势。要积极参与国家探索政校分开、管办分离的有效模式。如黑龙江省、江苏省、浙江省、湖北省、广东省等已被国务院列为"落实高等学校办学自主权"的试点地区，相关高校可以利用先试先行的机会，积极探索依法自主办学的方法、途径，以实现在人、财、物上能依据学校自身发展和增强竞争力的现实需要灵活、自主配置。②

城市综合大学的学科建设应与当地区域特点紧密结合，以对经济建设和社会发展发挥重要作用，应该紧紧围绕区域的支柱产业，瞄准新兴产业以及传统产业的改造、升级或转型开展科学研究③，主动响应国家、省、市级区域发展战略，为地方经济社会发展、挖掘地方文化的内涵和文化引导服务。要积极投入横向课题研究，因其研究往往是经济社会发展中实用性很强的问题，能让教师不断地了解行业一线，又能够提供实践平台，锻炼培养师生分析和解决问题的能力；既是服务地方经济社会发展的重要方式，也是争取地方各项资源支持的途径，是校企合作、校地互动的重要载体。这些对办学目标、大学职能的实现和师资队伍水平提升都发挥至关重要作用。要善于预见和发现那些可能推动和加速国民经济和社会发展的

① 俞俏燕. 论英美地方大学和地方的共赢模式[J]. 教育评论，2012(8).

② 丁亚金. 我国城市综合大学发展对策研究[J]. 学理论，2013(10).

③ 丁亚金. 我国城市综合大学发展对策研究[J]. 学理论，2013(10).

因素，如发展环境、产业结构、资源环境等问题，围绕大学生创新创业能力全面提升，构筑校企合作育人等合作机制，优化人才培养方案，改革课程体系和教材内容，让企业、用人单位和社会参与高校人才培养过程，承担起实验教学和创新创业教育等方面应履行的职责和义务。改革大学生就业制度，突破内部政策、外部制度、舆论环境的影响和"瓶颈"制约等问题，需要政府和企业大力发展经济，提供更加充足的大学生就业岗位；同时也要大学生转变择业观念，要推进机制体制改革并完善学校相关政策，更好地服务大学生创业，促进与区域经济社会协调发展。谋求超常规跨越式发展需要抓手，可以实施学校综合考评、推行学院评价等制度，将涉及学校发展战略的诸如学科建设、科学研究等关键指标分解，纳入学院年度考核，学校形成激励竞争机制，引导学院通过创新工作，达到办学绩效的最大化，有效提升学校的核心竞争力，为学校的快速发展提供保障。

建议八：探索开放与协同创新
促进国际国内合作交流

现实状况：

高等教育资源分布不均衡，就是地方高校与部属高校相比处于弱势或者劣势的地位，在国家优质高等教育资源的分布上明显地存在着不均衡，对于地方高校人为设限太多，地方高校缺乏平等竞争、平等发展的平台和制度保障。地方高校在学科专业建设、科研平台建设、精品课程建设以及各类工程项目建设等方面往往处于弱势地位，在国家有关政策中有被边缘化趋势，教育部高校和地方大学不平衡，主要是政策上的不平衡或者是资金投入上的不平衡，城市综合大学从教育部、省市里面拿到的资源有限。① 2010 年，全

① 丁亚金. 我国城市综合大学发展对策研究[J]. 学理论，2013(10).

国十五副省级城市综合大学合作交流机制的创立，为城市综合大学在人才培养、科学研究、社会服务等合作交流搭建平台，但在积极利用城市综合大学联席会议机制方面还需付出更大的努力。如：推进成员学校在教学、科研、学科建设、师生互派等方面的深度合作，推动城市综合大学体制机制调整与创新，加快改革发展步伐促进教育质量及核心竞争力的提高，增强服务社会能力以及办学理念、专项工作经验的学习交流等。

对策建议：

外向性、未来性、全局性、层次性彼此相关联是战略所具有的特征，其中外向性是重要特点。高校战略管理有一个基本的宗旨，是把学校前途和可预见的环境变化联系起来，利用外部机会以化解和回避威胁，从而成功地完成学校的使命。城市综合大学需要创新发展观，突破思维定势，强化争抢、赶超、跨越和追求卓越意识，不满足、不等靠，勇于发展，敢为人先，主动打破条条框框，突破体制机制障碍，立足地方，融入所在城市经济社会发展主流，寻找与所在区域高校差异化发展的着力点和突破口，扬长补短，奋发超越，大胆实践，借力发展，在中国高等教育丛林中确立城市综合大学应有的地位和发展空间。①

一是与所在城市、不同的客户、利益相关者建立合作性伙伴关系并与市场成功衔接。世界上一些成功大学的兴盛无不与所在的城市发展密不可分，同时，一座城市要发展，必须依托教育特别是高等教育的发展。城市与所举办的大学有着不可分割的同生互容共荣关系，要推动十五城市综合大学快速发展，必须尽可能地将高校与城市融为一体，强化学校的内涵发展、创新发展、特色发展，以质量取胜，以效益取胜，使学校在变化的环境中实现稳定持续的发展，成为城市综合大学改革发展的特有路径。从而使大学与社会各界、与社区的关系不再只是停留在资源互换阶段，而是进入共生共荣新的阶段。即通过各自的异质资源为对方提供发展机遇，构建独

① 丁亚金. 我国城市综合大学发展对策研究[J]. 学理论，2013(10).

特的发展平台，构筑成为利益和命运共同体①，推动双方事业发展速度快速提升，让大学教授、青年教师和学生真正成为城市创新、创业、生活、工作的知识主体和城市人力资源最富有活力的部分。

二是进一步深化与同类型高校交流合作。城市综合大学大多是20世纪80年代后为适应大规模、宽领域、高速度城市建设需要，将原有低层次分散举办地方高校合并或新建的地方综合性大学。同类型、同层次的高校虽存在竞争，其实更多需要彼此合作，城市综合大学由于发展历程、办学基础、经费来源、管理制度等各方面情况相近，学校建设发展的基础和改革发展面临的问题相似，相互间有更多交流的主题；城市综合大学承担着共同使命，同时也面临着适应形势发展、科学谋划未来战略与对策等一系列热点难点问题。如何在服务地方发展与城市建设中推动学校科学发展，成为城市综合大学面临的重要课题，城市综合大学应该加强与同类同层次高校之间的交流、合作，共同探索有中国特色的城市综合大学发展道路，进而为我国全面建成小康社会作出应有的贡献，在世界高等教育领域中树立中国模式。② 要进一步协调做实外部环境构建合作交流平台，完善开放合作机制，通过联合建立十五副省级城市综合大学合作交流机制，加强同类大学合作研究战略管理，共同面对挑战，化解各种不利因素，有效处理学校与政府、社会关系，集中学术力量致力于科研攻关，共同解决人类目前面临的诸如气候变化、能源不足、城市化等问题。大力推动校企、校所、校校等协同创新，积极探索开放、集成、高效的新模式，对封闭、分散的学校教学研究资源进行优化组合，吸纳优秀自主创业人才参与多部门、多学科、多领域专家科研攻关。在办学实践中不断加强十五城市综合大学间多领域、多层次的交流合作，丰富学校的办学理念，共同走向科学发展之路、走向和谐发展之路、走向特色发展之路、走向服务地方与城市共同发展之路。

---

① 俞俏燕. 论英美地方大学和地方的共赢模式[J]. 教育评论，2012(8).

② 丁亚金. 我国城市综合大学发展对策研究[J]. 学理论，2013(10).

三是推动国际交流合作。知识经济时代对大学创新要求就是进一步开放。城市综合大学应全方位融合国际先进办学理念和运行机制，遵循有利于学校学科的优势互补、培植新的学科增长点、有利于促进地方经济发展的原则进行开放式办学，拓展与国外大学的合作领域，提高国际化水平，在教育、科研和培养学校师资等方面进行深度合作。以国际合作项目为重点，提升国际交流合作规模、层次和水平；与国外院校实施学分互认；互派留学生到合作大学学习；与国(境)外高校、跨国公司联合开展人才培养、师资培训、科技攻关，实验室共建等合作项目。① 多形式、多途径延揽国际知名学者和海外留学人员，承担教学、研究和管理工作；引进外籍教师，引入高层次人才来访讲学；选送骨干教师到国外进修、访学和合作研究。通过中外合作、自我创新逐步提升城市综合大学的国际影响力和竞争力。

建议九：大力推动文化传承创新营造学校发展良好氛围

现实状况：

战略管理缺乏大学文化推动。规划是创造愿景、统一思想、动员资源、引导行动的重要途径和方式，但在规划实施和执行方面，既缺乏共同理念的引导，也没有氛围的营造；不清楚大学自身的历史，对学校文化不了解，如学校的价值使命、办学理念、管理文化等；对学校主流文化不认同，如战略目标、战略重点、学科价值观等；对学校战略规划不重视，如认为战略规划只是应付上级的，没什么用，战略实施是领导的事，与自己无关，等等。② 大学文化是

① 丁亚金. 我国城市综合大学发展对策研究[J]. 学理论，2013(10).

② 郑文. 基于战略实施的大学战略规划思考[J]. 华南师范大学学报(社会科学版)，2010(10).

大学生命的源泉，大学文化作为一种精神、一种理念表现在大学学术活动的方方面面，影响着大学的人才培养、科学研究、社会服务等，甚至对大学的生存与发展起着决定性作用。

大学发展涉及多方利益相关者，如政府、教职工、学生、其他资助者、校友等，不同的利益群体与高等学校间具有不一样的强弱关系，对高校的理念认知、目标与价值的认同，以及对高等学校实施战略规划的影响方式也不一样。① 明晰的使命宣言能帮助院校对外树立起良好的公众形象，促进与外界的联系，它促使大学与环境更好地协调和联合；作为精神纽带把毫无联系的内部利益关系人联系在一起，有助于使利益关系人了解大学的愿景，明确服务的范围。因为一个设计良好的使命能促进政策与策略的提出者、履行者以及校外友好人士等群体对大学改革与发展的理解。②

对策建议：

大学是文化交流和传承的重要窗口，是文化再生产的重要基地。大学文化是国家文化软实力的核心基础，是国家软实力极其重要的部分。大学文化历来是体现一个国家的教育力、创造力、凝聚力和引领力的世界性“核心竞争力”。③ 城市综合大学要从地方历史特色、文化特色、社会特色出发，深入研究地方历史文化传统，提高文化传承创新能力，塑造地方文化的特色，最终位置感、区分感。以研究解决所在城市现实问题为重点，凝练学术方向、汇聚研究队伍、增强发展活力，构建哲学社会科学研究创新平台体系④，建设一批高水平的、有地方特色的学术高地和咨询智库，全面提升

---

① 赵文华，周巧玲. 大学战略规划中使命与愿景的内涵与价值[J]. 教育发展研究，2006(13).

② 赵文华，周巧玲. 大学战略规划中使命与愿景的内涵与价值[J]. 教育发展研究，2006(13).

③ 宁进. 论大学文化的作用[N]. 光明日报，2011-08-28.

④ 教育部、财政部. 关于印发《高等学校哲学社会科学繁荣计划(2011—2020年)》的通知[S/OL]. http://www.gov.cn/xinwen/2016-11/24/content_5137088.htm，2011-11-07.

文化产品的社会服务水平，为把我国建设成为社会主义文化强国打下坚实基础。

创新培育学校发展文化。“质量保障不仅要求建立质量保障体系和评价模式，而且要求促进机构内部质量文化的发展。”①文化的培育是办学的最高境界，优秀的大学文化是学校发展取之不尽、用之不竭的组织发展动力，创建支持战略实施的组织文化至关重要。② 一所大学最基本的活力必定存在于其各个学术的院系，将战略规划看成是一种控制机制会影响人们的首创性，促进学校创新和发展的气氛，使新思想得到支持，主动性受到奖励。坚持大学办学理念不为功利主义所驱动的抗外界干扰能力，坚持应有的、自由的学术理性和知识价值观，在实践中凝练科学办学、民主办学、开放办学发展理念，使大学自身的人文精神、科学精神得以传承和发展。其次，大学定位的理念要联系经济发展和社会需要，通过自身优势和科技创新提高服务社会的能力，唤醒大学的文化自觉并形成创新的大学文化，为大学的生存与发展注入活力。③ 坚持传承中创新，培育学校发展文化，成功具有积累效应而且推动整个学校的事业。战略管理必须由院校的雄才大略所推动，由竞争的迫切性所推动，由意识到在竞争环境中必定有输家和赢家所推动④，只有在非常开放的环境中运作，战略管理才能发挥最好的作用。

要围绕学校的使命、目标、任务的制定和发展规划实施在学校开展多种形式的活动，让学校各单位、各部门，师生员工、校友等积极参与到学校使命和发展主要指标的制定中来，将大学使命、制定愿景目标与自己的职业发展和提升自我有机结合起来，通过对大

---

① 熊建辉. 2009 年世界高等教育大会公报：高等教育与研究在促进社会变革和发展中的新动力[J]. 世界教育信息，2009(9).

② 郑文. 基于战略实施的大学战略规划思考[J]. 华南师范大学学报(社会科学版)，2010(10).

③ 张妍. 我国大学定位趋同化的现实冲突与对策[J]. 江苏高教，2011(11).

④ [英]迈克尔·夏托克. 成功大学的管理之道[M]. 范怡红，译. 北京：北京大学出版社，2006：48.

学使命与愿景的宣传在学校上下形成对大学发展方向、目标的共识，以文化传承创新营造学校良好发展氛围，把规划制定和实施过程成为凝聚人心、形成共同语言、进行深度沟通和积极行动的过程，把宽泛的目标陈述转化为可衡量的、看得见的目标，激发师生员工献身学校发展的主人翁意识和创新创造、无私奉献精神，使他们从中获得动力感和方向感，使校内外更多的大学利益相关者获得成就感和实现大学发展目标的获得感，从而积极参与到大学各项建设的运行中，并为学校实现发展战略目标和各阶段主要任务贡献出自己的智慧和力量。

建议十：加大信息化平台建设　推进多种资源互利共享

现实状况：

一是缺乏科学统一长远规划。信息化建设规划缺乏科学性、前瞻性，由于缺乏科学统一长远规划的指引，有的存在硬件建设投入大而软件应用发展滞后的状况，相当一部分校园网资源没有得到充分发挥和利用。二是网络资源建设分散独立。网络资源建设力量分散独立，需求差异大，发展不平衡，各高校创建自己的网上资源库，碍于专业、网络技术条件和使用对象等限制，只能在较小范围内共享资源，传统系统换代存在诸多问题。三是网站建设资源共享滞后。① 由于思想观念、体制机制、人员、经费等原因，网站运行一直处于“两难”境况。成员高校间乃至同校部门间缺乏统一协调部署机构，使得信息数据和教学资源相互独立，许多可共享数据被重复建设，又不能共享使用，增加了协同合作交流平台建设管理与

① 贠翔悦，张丽萍．城市综合大学加速信息化建设对策研究——以我国15个副省级城市综合大学为例［J］．Proceedings of 2013 International Conference on Education and Educational Research（EER 2013），2，2013-08-11.

维护成本。四是难以适应国家地方重大需求。由于信息化系统构建过于注重事务管理，在教学与科研资源、高校间及与地方产业的资源整合和共享方面不足，不能及时有效解决建设中的突出问题，因而影响了城市综合大学以产业协同创新为引领，围绕城市发展等重大需求开展科学研究和创新型人才培养。

对策建议：

城市综合大学加速信息化建设，通过网络的资源共享，可以使我们学习并享用最先进的教学内容和教学方法，在较短的时间里，既缩短城市综合大学与国内外一流大学的差距，又缩短我国东西部城市综合大学间的差距。同时，能够通过先进的信息资源和国际合作协同等“开放、集成、高效”的新模式共同围绕当今中心城市发展重大问题集中力量攻关，解决城市发展面临的更加综合、复杂的问题，如城市经济转型增长面临产业断层，高科技背景下产业结构如何优化等，共同培养服务建设智慧城市的创新人才。因此城市综合大学加速信息化建设是当前这类高校迅速提升核心竞争力的关键。① 地方大学要充分认识平台建设对密切双方关系的重要性。平台不仅是工作机构或者机制，更是双方密切关系的重要途径，也是双方密切关系得以延续和发展的重要载体。地方大学要积极主动推进载体的建设，不断地赋予平台新活力和新内容，这在某种意义上也是为密切关系不断注入新内涵的过程。因此，其意义同样十分重大。

城市综合大学联席会议第一次会议通过了《全国十五城市综合大学联席会议工作建议》，为建立合作交流长效机制打下了好的基础。要将该工作建议构想贯穿城市综合大学年度各项工作中认真加以落实。随着信息化时代的发展，网络平台的建立对于资源共享提供了良好的媒介，建议城市综合大学要完善数字化信息网络平台和

① 贠翔悦，张丽萍. 城市综合大学加速信息化建设对策研究——以我国 15 个副省级城市综合大学为例［J］. Proceedings of 2013 International Conference on Education and Educational Research（EER 2013），2，2013-08-11.

相应的联络机构，各高校之间通过网络平台及时沟通信息和成功经验，学生、教师、学校间的资源可以及时共享，定期制订一定时期的合作交流计划，各成员高校之间不断拓展教学、科研、学科建设等各种类型的交流合作，如学生的文化交流、学习交流、体育交流以及互认学分等；教师的学术交流、合作研究，利用相互科研条件联合攻关，解决当前城市经济社会发展面临的重大问题，提高科研队伍的综合水平；着眼于城市大学的发展特点进行共同研究，形成适合城市大学发展特点的管理理论和管理模式，共同研究构建适合城市大学的质量保障体系等，通过采用定期发布合作项目报告和合作论坛年度报告、发展蓝皮书等多种沟通方式，解决城市大学合作中产生的问题，从而不断提升城市综合大学的办学水平。

附录1　全国十五城市综合大学联席会议工作建议

（2010年10月30日）

第一条　全国十五城市综合大学联席会议是副省级城市综合大学之间，按照平等自愿原则组成的研究探讨办学中遇到的理论和实践问题，及寻求同类大学快速发展规律的议事平台。

第二条　联席会议认真贯彻落实党的教育方针、《中华人民共和国高等教育法》和《国家中长期教育改革和发展规划纲要（2010—2020年）》等政策法规，致力于加强全国十五城市综合大学之间的合作与交流，共同探讨地方高等教育发展的现实问题及其规律，搭建合作办学平台，实现互利共赢，促进地方综合大学办出特色，进一步提高教育质量和服务能力，为地方经济社会发展作出更大贡献。

第三条　联席会议实行年会制度，每年商定一定的会议主题，也可选取某方面的专题召开年度分会，如召开教学、科研、学科等方面的专题会议，联席会议和年度分会由各城市综合大学轮流主持召开，年会名称确定为“全国十五城市综合大学联席会议第××次会议”，年度分会名称确定为“全国十五城市综合大学联席会议××分会第××次会议”。

第四条　联席会议由十五城市综合大学党政主要负责同志组成。联席会议分会涉及大学某一工作领域的，由大学分管相关工作的副书记或副校长组成。

第五条　积极利用全国十五城市综合大学联席会议机制，推动我国地方院校体制、机制政策的调整与创新，促进地方院校教育质量及核心竞争力的提高，加快地方院校改革与发展步伐，提高地方高等教育的人才培养和服务社会能力。

第六条 积极探索十五城市综合大学之间优势互补，加快推进在教学、科研、学科建设、师生互派等方面的深度合作，如以十五城市综合大学名义联合申报具有影响力的科研课题等，推进和加强成员学校在大学管理理念和专项工作经验方面的学习、交流与研讨。

第七条 每年发布《十五城市综合大学发展蓝皮书》，建立十五城市综合大学交流合作网站等，丰富相互交流手段和形式，加大信息资源共享力度。

第八条 通过运用全国十五城市综合大学联席会议机制，研究和解决我们共同面临的一些问题，甚至可以经过讨论决定一致的行动等，逐渐提升我国城市综合大学的地位，扩大影响力，以促进城市综合大学发展有更加美好的前景。

附录2　全国十五城市综合大学联席会议第一次会议纪要

2010年10月30日，由广州大学、沈阳大学、江汉大学发起，江汉大学承办的全国十五城市综合大学联席会议第一次会议在武汉东湖宾馆隆重召开。广州大学、沈阳大学、青岛大学、大连大学、深圳大学、济南大学、杭州师范大学、宁波大学、成都学院、厦门理工学院、金陵科技学院、西安文理学院、江汉大学等14所副省级城市综合大学的党政主要领导参加了会议。中共武汉市委常委、市人民政府副市长岳勇，湖北省教育厅厅长陈安丽，教育部高等教育司综合处处长张庆国等领导出席开幕式并作了重要讲话。武汉市人民政府副秘书长杨国成、中共武汉市委教育工委书记靳雁、武汉市发展和改革委员会副主任金永红、湖北省教育厅发展规划处处长刘荣山、武汉市人民政府办公厅综合二处处长吴涛等出席会议开幕式。现将会议情况纪要如下：

一、会议主要议程

30日上午9:00—9:40，会议举行了隆重的开幕式，开幕式由江汉大学校长杨卫东主持。江汉大学党委书记谭仁杰在开幕式致欢迎辞，对与会领导和嘉宾的到来表示热烈的欢迎和诚挚的感谢，并报告了联席会议的发起缘由及筹备工作情况。

教育部高教司张庆国处长首先代表教育部高教司对联席会议的召开表示热烈的祝贺。他充分肯定了地方高校在我国高等教育发展乃至地方经济建设社会发展中所发挥的重要作用。特别是作为副省级城市的综合大学，在当地党委、政府正确领导下，在人才培养、科学研究、服务社会、文明传承等各个方面所取得了突出的成就，已经成为所在城市高等教育的主要力量，成为当地高等教育的一张名片，发挥着各自不可替代的作用，引领着地方发展的方向。他高度评价了联席会议的召开，指出联席会议是贯彻《国家中长期教育改革和发展规划纲要(2010—2020年)》精神的创造性举措。联席会议制度作为一种新的探索，一定能为十五城市综合大学之间、十五城市综合大学和地方政府部门之间架起紧密合作、相互支持、共同发展的桥梁；一定能促进博采众长，集聚智慧，丰富和发展学校的办学理念；一定能有效地帮助同类高校更好地了解相互需求，有针对性地开展科研、人才培养等方面合作，推进建设一流地方综合性大学目标的早日实现；一定能有利于各校吸纳同类高校的人才、智力等优势资源，强化发展实力，更好地为地方经济建设和社会发展服务；一定能针对处于同一层次地方高校，探索如何加强联系、相互促进、共同发展提供一种新的机制。他明确表示，高教司将一如既往地支持地方高校的发展，关注联席会议取得的进展，希望参会各地方高校加强与高教司的联系沟通，从而促使高教司能更有效、更大力度地推动各高校在建设一流地方综合大学的征程上不断取得新的更大成绩。张处长还介绍了教育部高教司2010年第四季度的重点工作及明年的十项工作计划。

陈安丽厅长代表湖北省教育厅对联席会议的召开表示热烈的祝贺，介绍了湖北省高等教育的历史发展、基本情况和特点。并衷心希望联席会议能够成为一个良好开端，建立并形成全国十五城市综合大学交流合作的长效机制，充分发挥这个机制和平台的重要作用，在未来办学实践中不断加强十五城市综合大学间多领域、多层次的交流合作，丰富大家的办学理念，共同走向科学发展之路、走向和谐发展之路、走向特色发展之路、走向服务地方与城市共同发展之路。

岳勇副市长代表市委市政府对兄弟高校领导的到来表示热烈欢迎，并对联席会议召开表示热烈的祝贺。他认为，全国15所副省级城市综合大学领导聚集一堂，研讨各校“十二五”发展规划，探讨院校间的交流与合作机制，这是我国地方教育和武汉市高等教育的一件大事。这次会议在党的十七届五中全会胜利闭幕不久召开，这对于我们进一步学习贯彻十七届五中全会精神、深入落实科学发展观、有效促进和拓展各高校乃至各所在城市之间的交流与合作、努力推动区域间社会经济发展具有重要意义。十五城市综合大学领导到武汉传经送宝，将有助于江汉大学更好、更快地发展，也有助于各校合作平台的构建、交流机制的形成，有助于共同探讨学校在改革和发展进程中面临的问题，更好地为地方经济社会发展服务，必将对武汉地方高等教育又好又快发展起到积极的推动作用。

二、会议主要成果

会议期间，与会代表围绕“研讨十五城市综合大学‘十二五’发展规划，探讨院校间的交流与合作机制”的主题，作了深入的研讨交流，取得了以下成果：

（一）对于建立综合大学联席会议工作机制的必要性达成共识

与会代表一致表示，联席会议的召开是我国城市大学成熟的标志，为城市综合大学相互之间交流、沟通、合作提供了良好的交流平台，为增强城市地方综合大学话语权创造了有利条件，同时得到了各城市综合大学的高度重视和积极响应、参与。

与会者认为，与会高校都是副省级城市所属地方综合大学，在办学管理体制、办学模式、改革与发展中有着许多类似之处，有着许多的共同之处。近年来，城市综合大学发展速度较快，规模扩张较大，发展成效显著，最核心、最根本的经验，就是地方政府的正确领导和大力支持。只有得到地方政府和社会最大限度的支持，学校发展才能获得根本的和最大的原动力，实现快速大发展。要争取地方政府的最大支持，首先要紧紧抓住地方政府关注点，适应地方政府发展需要，引起地方政府的高度重视；其次，要将政府的支持变成地方法规，变成地方党委、政府的政策规定，以此形成推进城市综合大学可持续性发展强有力支持的政策保障；再次，要加强人大、党委、政府等各部门的交流、沟通、联系和合作，力争让支持学校发展的理念深入人心，争取政府全面地展开对高校的支持。同时，城市综合大学发展较快的另一个共同的重要经验，就是坚持改革。改革是学校发展的强大动力，坚持创新发展思路，采用发展新举措，克服传统发展模式束缚，坚持用改革促发展，用发展来推进改革，从而实现学校快速发展。

（二）交流了各校“十一五”规划执行情况和“十二五”规划编制工作，共同探讨城市综合大学当前面临的主要问题及其解决对策

各高校领导分别介绍了本校发展的历史及现状等基本情况，着重介绍了本校在发展过程中的一些重大并有特色的举措和“十二五”发展思路，探讨了城市综合大学发展所取得的共同成功经验和发展中所面临的共同问题，并就国家教育主管部门如何重视包括城市综合大学在内的地方高校发展，加强相互之间联系、交流与合作提出了有针对性的建议。

与会者认为，城市综合大学目前面临的共同问题主要有：一是城市综合大学教育定位不够明晰，与其所处地位和发挥的作用不相符合。二是城市综合大学管理体制处于比较尴尬的地位。绝大多数城市综合大学的管理体制是“省市共建”，属于市财政拨款单位，但业务指导在省教育主管部门，容易形成各级教育主管部门都管都不管或者想管又管不了的局面。三是城市综合大学办学自主权有待进一步增强。因为属市财政拨款单位，城市综合大学常被当做行政单位管理，同部属、省属高校相比，在依照高等教育法行使教育教学、人事、财务等方面的办学自主权有待进一步增强。四是发展所需的资源和机遇不均等，阻碍城市综合大学的快速发展。占据全国高校绝对数量地位的地方高校，从国家教育主管部门获取的发展资源与其地位和发挥的作用处于倒挂状态。而作为城市综合大学与省属、部属高校相比，在教育资源和发展机遇的分配上又处于弱势地位。五是城市综合大学自身价值定位和发展方向问题。城市综合大学如何科学定位，明确发展方向，为所在城市发展服务，实现自身

价值，成为城市综合大学发展永恒的课题。

促进公平是《国家中长期教育改革和发展规划纲要（2010—2020 年）》中提到的一个基本工作方针。根据城市综合大学发展面临的问题，会议部分代表对教育部提出了如下建议：衷心希望教育部更加重视地方高校的发展，尽可能地放权，尽可能地让地方高校享有更多的教育资源和发展机遇，促进教育公平进步。当前，对于城市综合大学来讲，促进公平要从更高的层次来理解，不再是解决上学难的问题，而是教育资源是否公平的问题、发展机遇是否均衡的问题。现在国家"211"和"985"高校占据了我国高等教育的优势资源，当它们发展到一定程度以后，现在国家政策发生调整，如：博士点建设的限制，限制了很多地方综合大学的发展。这种限制是不应该的，如果国家要提高博士教育的水平和质量，不应该通过限制学校的发展限制学校博士教育的建设，而应该从把握博士出口这一角度，建议放宽入口、严管出口。省市政府最清楚地方发展最需要哪些学科专业，建议给予副省级地方政府在教育资源分配方面更大的话语权。

（三）会议讨论并原则通过了《全国十五城市综合大学联席会议工作建议》

会议讨论了《全国十五城市综合大学联席会议工作建议》（征求意见稿）。一致同意将全国十五城市综合大学联席会议作为一种制度、机制长期固定下来，明确了联席会议的性质、主要内容、人员组成，运行机制等方面内容。

针对联席会议制度，与会代表还提出了如下建议：一是联席会议在每年一次的基础上，可选取某方面的专题召开年度分会，由各高校轮流承办。二是联席会议在各高校领导参加的基础上，尽可能创造条件让各高校中层干部参会，或者召开教学、科研、学科等方面的专题研讨会，加强各高校中层干部、教师之间的学习、交流与研讨。三是建立十五城市综合大学交流合作网站等，丰富相互交流手段和形式，加大信息资源共享力度，加快探索和推进十五城市高校在教学、科研、学科建设、师生互派等方面紧密交流合作的方式和途径。通过运用这样一种机制逐渐提升我国城市综合大学的地位，研究和解决我们共同面临的一些问题，甚至可以经过讨论决定我们今后一致的决议和行动，以促进城市综合大学的发展有更加美好的前景。

（四）会议研究并确定2011年全国十五城市联席会议第二次会议由广州大学承办，2012年全国十五城市联席会议第三次会议由沈阳大学承办。

会议参加人：

广州大学

易佐永　　党委书记

赖卫华　　党委副书记

秦　春　　办公室主任

刘　晖　　高教所所长

沈阳大学

李梦玲　　党委书记

高　峰　　常务副校长

张跃双　　规划办主任

霍　泓　　党办主任

青岛大学

夏临华　　校长

吴绍新　　办公室主任

大连大学

王志强　　党委书记

王洪斌　　高教所所长

王丽燕　　高教所教师

迟克强　　校办行政科长

深圳大学

李凤亮　　副校长

济南大学

蔡先金　　　副校长

王　志　　　办公室主任

杭州师范大学

杨　磊　　　副校长

宁波大学

邹日强　　　党委委员

成都学院

屠火明　　　党委书记

张开江　　　办公室主任

汪令江　　　学科办主任

厦门理工学院

黄红武　　　院长

黄小芳　　　科长

哈尔滨学院

胡永昌　　　院长

李德生　　　秘书

金陵科技学院

谢培苏　　　副院长

刘桂云　　　科长

西安文理学院

耿占军　　　党委委员、副院长

张运良　　　人事处长

江汉大学

谭仁杰　　　党委书记

杨卫东　　　校长

余茂才　　　原党委书记

李进才　　　名誉校长

桑建平　　　副校长

王南南　　　党委副书记

聂仕书　　　纪委书记

周建民	副校长
邓院方	副校长
张　英	副校长
魏尚汉	校务委员
邓传德	校长助理
邵　红	校长助理
童幸生	教务处处长
余新明	科研处处长
钱同惠	研究生处处长
张若光	人事处处长
刘新荣	财务处处长
王万舫	服务社会与发展规划处处长
陈荣政	党委宣传部部长

附录3　十五城市综合大学联席会活动新闻报道

（一）全国十五城市综合大学联席会议举行

全国十五城市综合大学联席会议第一次会议日前在武汉举行。

此次会议主题是“研讨副省级城市综合大学‘十二五’发展规划，探讨院校间的交流与合作机制”，由江汉大学承办。此举旨在为市属综合性大学之间搭建直接交流与合作的平台，以利于院校研究探讨办学中的理论和实践问题，寻求同类大学快速发展规律。

（程墨，《中国教育报》2010年11月2日第2版）

（二）15个副省级城市综合大学在汉“结盟”

2010年10月30日，全国十五城市综合大学联席会议第一次会议在汉召开，研讨副省级城市综合大学“十二五”发展规划，探讨院校间的交流与合作机制。此举开创了国内各副省级城市综合大学之间建立持续性合作机制的先河。

全国十五城市综合大学联席会议，是15个副省级城市综合大学之间按照平等、自愿原则组成的议事平台，研究探讨办学中遇到的理论、实践问题及寻求同类大学快速发展规律。由江汉大学会同广州大学、沈阳大学共同倡议、发起。采取年会形式，每年确定不同的会议主题，由各高校轮流主持召开。

（魏娜、刘进，新浪网，http://news.sina.com.cn/c/2010-10-31/095818310356s.shtml）

(三)全国十五城市综合大学联席会议在汉召开

2010年10月30日，以“研讨副省级城市综合大学‘十二五’发展规划，探讨院校间的交流与合作机制”为主题的全国十五城市综合大学联席会议第一次会议在武汉东湖宾馆隆重召开。这一会议机制是由江汉大学与广州大学、沈阳大学共同倡议发起的，会议在进一步贯彻落实十七届五中全会精神的新形势下召开，具有重要意义。

全国十五城市综合大学联席会议，是15个副省级城市综合大学之间按照平等、自愿原则组成的研究探讨办学中遇到的理论、实践问题及寻求同类大学快速发展规律的议事平台。采取年会形式，每年确定不同的会议主题，由各高校轮流主持召开。联席会议成员为各副省级城市综合大学的党政主要负责人。

“以副省级城市综合大学为代表，地方大学的发展面临着适应形势发展变化、科学谋划未来发展战略与对策等一系列热点难点问题。”作为联席会议的倡议、发起和主办方，江汉大学党委书记谭仁杰在致辞中建议各高校充分利用联席会议这一合作平台和工作机制，切实加强合作交流，努力实现优势互补，推进资源共建共享，最终实现合作共赢。该校校长杨卫东在联席会议上围绕城市地方大学的地位问题、依法自主办学问题、自身发展问题发表了看法。

教育部高等教育司综合处处长张庆国、湖北省教育厅厅长陈安丽在讲话中都表示要积极支持建立全国十五城市综合大学联席会议机制，继续关注并支持包括十五城市综合大学在内的地方大学发展。

中共武汉市委常委、市人民政府副市长岳勇在讲话中指出，全国15个副省级城市综合大学联席会议的召开既是我国地方高等教育史上的一件幸事，也是武汉市高等教育史上的一件大事。会议在党的十七届五中全会胜利闭幕不久召开，这对于我们进一步学习贯彻十七届五中全会精神，深入落实科学发展观，有效促进和拓展各高校乃至各所在城市之间的交流与合作，努力推动区域间的社会经济发展与繁荣，具有重要意义。

武汉市人民政府副秘书长杨国成、武汉市委教育工委书记靳雁、武汉市发展和改革委员会副主任金永红等有关领导及江汉大学有关校领导、部门负责人出席了会议。

联席会议上，广州大学、沈阳大学、青岛大学、大连大学、深圳大学、济南大学、宁波大学、杭州师范大学、成都学院、哈尔滨学院、厦门理工学院、金陵科技学院、西安文理学院、江汉大学等高校就各学校的“十二五”发展规划进行了深入交流，共同探讨了各高校在改革发展中面临的问题，并讨论了《全国十五城市综合大学联席会议工作建议》，研究确定了如何建立全国十五城市综合大学联席会议的长效机制。

（晓流，江汉大学新闻网，http://www.jhun.edu.cn/1e/74/c208a7796/page.htm）

（四）交流经验　共商合作　共谋发展　全国十五城市综合大学教务处长联席会议2011年年会在江汉大学召开

2011年5月20日，以“交流副省级城市综合大学人才培养及教学管理改革经验，探讨院校间的交流与合作机制”为主题的全国十五城市综合大学教务处长联席会议2011年年会在江汉大学召开。此次会议是为落实2010年10月30日召开的“全国十五城市综合大学联席会议”精神召开的一次重要会议。沈阳大学、广州大学、深圳大学、济南大学、大连大学、成都学院、青岛大学、宁波大学、西安文理学院、杭州师范大学、哈尔滨学院、金陵科技学院等13所高校（长春大学、厦门理工学院因故缺席）教务处23名负责同志参加了本次会议。

会议由江汉大学桑建平副校长主持，开幕式上，杨卫东校长代表学校致欢迎辞，对各位代表的到来表示热烈的欢迎。杨校长向与会代表简要介绍了江汉大学的基本情况及近年教育教学改革所取得的成效，他指出，作为地方高校，如何办特色，进一步提高办学质量和服务能力，为地方经济社会发展作出更大的贡献，是摆在众多地方高校面前的一个重要课题。这次会议的召开既是2010年在汉召开的全国十五城市综合大学联席会议的延续，又是研究探讨教育教学、人才培养，以及寻求同类大学发展规律的专题议事会议，对促进与会各校的教育教学发展具有重要意义，希望通过这次会议大家相互交流、取长补短，共同为推动我国地方高校教学改革与事业发展作出积极贡献。湖北省教育厅高教处张建军处长出席开幕式，他向大家介绍了湖北省高等教育发展的现状，指出，湖北突出的优势在科教，崛起的关键靠人才，发展的基础在教育。当前湖北省正处在改革发展的关键阶段、“弯道超越”的重要关口。全省将以贯彻落实《国家中长期教育改革和发展规划纲要(2010—2020年)》为契机，实施《湖北省中长期教育改革和发展规划纲要(2010—2020年)》，巩固比较优势，调整优化结构，激活优质资源，全面提高质量，主动加强服务，率先实现高等教育普及化，由高教大省向高教强省转变。张处长重点介绍了湖北省提高高等教育质量的几项重要举措，并希望江汉大学借这次机会，认真学习借鉴其他省市兄弟院校的先进经验，促进学校人才培养及教学工作更快、更好地发展。

会上，江汉大学教务处童幸生处长首先作了交流发言，他介绍了江汉大学近年来调整学科专业结构、优化人才培养方案、改革人才培养模式、强化创新实践能力、创新教学管理制度等方面采取的措施和取得的成效。他指出，今后学校将继续坚定不移地走服务地方经济社会发展之路，坚定不移地走应用型人才培养之路，坚定不移地走特色发展之路，进一步深化教学改革，推进管理创新，提升人才培养质量和办学水平。接下来，与会的12所高校教务处负责人分别介绍了本校教学建设与改革的情况。会议还讨论并原则上通过了《全国十五城市综合大学教务处长联席会议章程》。大家一致认为，联席会议是同类大学间交流经验、研讨问题、寻求合作、共谋发展的重要平台，一定要充分利用这一机制，努力推动各校在人才培养体制、机制政策的调整与创新，促进教育教学质量及核心竞争力的提升，加快地方高校教育教学改革的步伐。

(江汉大学教务处，http://www.jhunzkw.com/jiangdaxinwen/jiangdaxinwen/20110523/1162.html)

附录 4　全国副省级城市综合性大学合作交流机制成果丰硕

2013 年 10 月 19 日，全国副省级城市综合性大学联席会议第四次会议在青岛大学举行。江汉大学以及广州大学、成都学院、宁波大学、大连大学、长春大学、哈尔滨学院、杭州师范大学、济南大学、金陵科技学院、沈阳大学、深圳大学、西安文理学院等副省级城市综合大学的党政主要领导参加了会议。江汉大学党委书记谭仁杰作了有关学校 2012 年改革发展的主旨发言。

副省级城市综合大学是当今中国地方高等教育最具活力和发展潜力的高校群体之一，在高等教育大众化不断推进、服务地方成为高等教育发展时代潮流的背景下，城市综合大学承担着共同使命，同时也面临着适应形势发展、科学谋划未来战略与对策等一系列热点难点问题。如何在服务地方发展与城市建设中推动学校科学发展，成为副省级城市综合大学面临的重要课题。

2010 年 10 月，由江汉大学和广州大学、沈阳大学共同发起，全国副省级城市综合性大学合作交流机制建立。首次联席会议认真学习贯彻胡锦涛总书记在清华大学百年校庆上的讲话精神，全面贯彻落实《国家中长期教育改革和发展规划纲要(2010—2020 年)》，以实施“十二五”规划为契机，增进各学校之间的合作与交流，共同探讨副省级城市综合大学的地位、作用和优势，共同探究存在问题解决途径，分享成功经验，促进城市综合大学进一步提高教育质量和服务地方经济发展能力，为区域经济社会发展作出更大贡献，会议通过《全国十五城市综合大学联席会议工作建议》，初步建立起城市综合大学合作交流新机制。之后的三次联席会议分别就进一步增进各校之间合作与交流、协同创新等议题展开了深入研究。本次会议的主题是：以学习研讨副省级城市综合性大学实现科学定位、深入推进内涵发展为主题，交流办学实践经验，研究各成员学校间的深度合作，促进城市综合大学进一步提升内涵水平，提高人才培养质量，增强服务地方能力，为区域经济社会发展作出更大贡献。

与会党政领导围绕学校内涵建设、学校与地方互动、现代大学制度建设、内部管理体制改革等议题展开讨论，共同回顾了全国副省级城市综合性大学合作交流机制建立3年以来取得的丰硕成果：一是多层次交流广泛开展，2011年5月以“交流副省级城市综合大学人才培养及教学管理改革经验，探讨院校间的交流与合作机制”为主题，江汉大学成功举办了十五城市综合大学教务处长联席会议2011年会。二是协同创新、科研合作起步，通过合作交流平台，成功推动了一些合作项目，2012年深圳大学与宁波大学学生交换培养进展顺利。三是日常工作交流合作机制运行良好，成员高校办学中分享成功经验，如成都学院、大连大学运用机制解决了长期困扰学校发展难题，实现了跨越式发展；江汉大学在外事、学生等工作相关调研方面得到了成员高校的大力帮助。四是成员高校开展了丰富的师生交流活动，如深圳大学、广州大学定期举行学生篮球联赛，等等。

会议讨论通过了联席会议常设机构，做出五项决定：一是设立秘书长单位，每届任期5年，第一届秘书长单位由江汉大学担任；二是设立轮值主席单位，由下一次会议承办高校担任，每届任期1年；三是各成员学校设立联络员，以便于信息沟通和交流；四是启动成员高校的首个合作项目MOOC(Massive Open Online Courses，大型开放式网络课程)，由深圳大学牵头建设实施；五是成员高校定期互寄交流校报和学报。会议确定，全国十五副省级城市综合大学联席会议第五次会议由沈阳大学承办。与会党政主要领导建议，进一步推进全面交流合作，加大成员高校资源共享，加强研究生培养的合作交流等。会后各校分别提出问题诉求和希望合作的清单，由秘书长单位梳理后会同成员高校科学架构，有序展开，表达共同诉求，以促进和谐发展，实现互利多赢。

2011 年以来，江汉大学共向十五城市综合大学联席会议第二、第三、第四次会议提交了十五城市综合大学联席会议工作机制创立以来编撰，并由湖北人民出版社出版的 3 部城市大学蓝皮书，分别是：《城市大学蓝皮书——十五副省级城市综合大学发展报告(2006—2010)》、《城市大学蓝皮书——十五副省级城市综合大学发展报告(2011)》、《城市大学蓝皮书——十五副省级城市综合大学发展报告(2012)》，受到与会领导和专家的好评，他们对江汉大学为城市综合大学合作交流平台建设所做的工作和努力表示感谢。

全国副省级城市综合性大学合作交流机制运行至今，正如发起高校和上级主管部门所期待的，建立并形成了交流合作的长效机制，相信充分发挥这个机制和平台的重要作用，在办学实践中不断加强十五城市综合大学间多领域、多层次的交流合作，必将会不断丰富成员高校的办学理念，共同走向科学发展之路、走向和谐发展之路、走向特色发展之路，走向服务地方与城市共同发展之路。

(张丽萍)

参考文献

著作

1. [美]理查德·L. 达夫特. 组织理论与设计[M]. 王凤彬，张秀萍，译. 大连：东北财经大学出版社，2007.

2. [美]彼得·M. 布劳，[美]W. 理查德·斯科特. 正规组织：一种比较方法[M]. 夏明忠，译. 北京：东方出版社，2006.

3. [美]杰弗里·菲佛，[美]杰勒尔德·R. 萨兰基克. 组织的外部控制：对组织资源依赖的分析[M]. 闫蕊，译. 北京：东方出版社，2006.

4. 张平. "十二五"规划战略研究(上、下册)[M]. 北京：人民出版社，2010.

5. 浙江大学课题组. 中国高等学校的分类问题[M]. 北京：高等教育出版社，2009.

6. 曲绍卫. 大学竞争力研究[M]，北京：教育科学出版社，2008.

7. [美]丹尼尔·若雷，[美]赫伯特·谢尔曼. 从战略到变革——高校战略规划实施[M]. 周艳，赵炬明，译. 桂林：广西师范大学出版社，2006.

8. [美]乔治·凯勒. 大学战略与规划——美国高等教育管理革命[M]. 别敦荣，主译. 青岛：中国海洋大学出版社，2005.

9. 刘念才，周玲. 中外大学规划：比较与借鉴[M]. 上海：上海交通大学出版社，2007.

10. 安同良，等. 长三角地区研发的行为模式与技术转移问题研究[M]. 北京：经济科学出版社，2011.

11. [西]奥尔特加·加塞. 大学的使命[M]. 徐小洲，陈军，译. 杭州：浙江教育出版社，2001.

12. [美]伯顿·克拉克. 高等教育新论——多学科的研究[M]. 王承绪，徐辉，郑继伟，张维平，张民选，译. 杭州：浙江教育出版社，1988.

13. [英]伯特兰·罗素. 幸福之路[M]. 曹荣湘，等，译. 北京：中国国际文化艺术出版社，1998.

14. 王琪，程莹，刘念才. 世界一流大学：国家战略与大学实践[M]. 上海：上海交通大学出版社，2011.

15. 姚纬明，余达淮，曹菱红，等. 高等教育管理[M]. 南京：河海大学出版社，2004.

16. [美]德里克·博克. 走出象牙塔——现代大学的社会责任[M]. 徐子洲，陈军，译. 杭州：浙江教育出版社，2001.

17. 董云川. 论中国大学与政府和社会的关系[M]. 昆明：云南大学出版社，2004.

18. 方展画. 高等教育学[M]. 杭州：浙江大学出版社，2000.

19. 眭依凡. 大学的使命与责任[M]. 北京：教育科学出版社，2007.

20. [美]亨利·埃兹科维茨，[荷]劳埃特·雷德斯多夫. 大学与全球知识经济[M]. 夏道源，等，译. 南昌：江西教育出版社，1999.

21. [英]J. D. 贝尔纳. 科学的社会功能[M]. 陈体芳，译. 桂林：广西师范大学出版社，2003.

22. 潘懋元. 新编高等教育学[M]. 北京：北京师范大学出版社，1999.

23. 曲士培. 中国大学教育发展史[M]. 北京：北京大学出版社，2006.

24. 熊明安. 中国高等教育史[M]. 重庆：重庆出版社，1983.

25. 徐军. 变革时代的大学使命[M]. 杭州：浙江大学出版社，1999.

26. 杨德广. 高等教育学概论[M]. 上海：华东师范大学出版

社，2002.

27. 朱国仁. 高等学校职能论[M]. 哈尔滨：黑龙江教育出版社，1999.

28. 袁振国，田慧生. 中国都市教育竞争力研究[M]. 北京：教育科学出版社. 2011.

29. 付亚和，许玉林. 绩效管理[M]. 上海：复旦大学出版社，2010.

30. 马俊杰，曾湘泉. 大学人力资源管理[M]. 北京：中国人民大学出版社，2007.

31. 饶征，孙波. 以KPI为核心的绩效管理[M]. 北京：中国人民大学出版社，2010.

32. [美]斯蒂芬·P. 罗宾斯. 组织行为学精要[M]. 郑晓明，葛春生，译. 北京：电子工业出版社，2005.

33. [美]迈克尔·夏托克. 成功大学的管理之道[M]. 范怡红，译. 北京：北京大学出版社，2006.

34. 阎凤桥. 大学组织与治理[M]，北京：同心出版社，2006.

35. 相伟. 我国发展规划评估的理论与方法研究[M]，北京：经济科学出版社，2012.

36. 杨天平. 教育战略规划与管理[M]. 重庆：重庆大学出版社，2010.

37. 张丽萍. 城市综合大学发展研究[M]. 武汉：武汉大学出版社，2012.

38. 张晓玲，张丽萍. 我国公立高校学费改革研究[M]. 武汉：武汉大学出版社，2013.

39. 邵红，张丽萍. 城市大学蓝皮书 十五副省级城市综合大学发展报告2006—2010[M]. 武汉：湖北人民出版社，2012.

40. 邵红，张丽萍. 城市大学蓝皮书 十五副省级城市综合大学发展报告2011[M]. 武汉：湖北人民出版社，2012.

41. 邵红，肖引，张丽萍. 城市大学蓝皮书 十五副省级城市综合大学发展报告2012[M]. 武汉：湖北人民出版社，2013.

42. 桑建平，肖引. 城市大学蓝皮书 十五副省级城市综合大学发展报告 2013[M]. 武汉：湖北人民出版社，2014.

43. 肖引. 城市大学蓝皮书 十五副省级城市综合大学发展报告 2014[M]. 武汉：湖北人民出版社，2015.

44. [加]马歇尔·麦克卢汉. 理解媒介：论人的延伸[M]. 何道宽，译. 北京：商业出版社，2000.

45. [美]曼纽尔·卡斯特. 网络社会的崛起[M]，夏铸九，王志弘，等，译. 北京：社会科学文献出版社，2001.

46. 刘献君. 高等学校战略管理[M]. 北京：人民出版社，2008.

期刊

1. 马陆亭，范文曜. 我国现代大学制度的建设框架[J]. 国家教育行政学院学报，2009(5).

2. 经合组织项目组. 高等教育和地区发展[J]. 国家教育发展研究中心研究动态，2009(1).

3. 宋宏. 高等教育国际化前沿问题审视与回应[J]. 学术界，2008(6).

4. 程光旭. 创新人才培养模式 着力培养创新人才[J]. 中国高等教育，2009(1).

5. 张环宙，黄超超，周永广. 内生式发展模式研究综述[J]. 浙江大学学报(人文社会科学版)，2007(2).

6. 刘礼明. 加拿大大学资源增值之道[J]. 教育研究，2015(4).

7. 别敦荣. 高校发展战略规划的理论与实践[J]. 现代教育管理，2015(5).

8. 别敦荣. 论高等学校发展战略及其制定[J]. 清华大学教育研究，2008(4).

9. 别敦荣. 论大学发展战略规划[J]. 教育研究，2012(8).

10. 别敦荣.《纲要》解读及大学“十二五”发展战略规划制定[J]. 高校教育管理，2010(4).

11. 别敦荣. 大学发展战略规划的制定与实施——青岛大学案

例研究[J]. 高等工程教育研究，2010 (1).

12. 康宁. 高等教育资源配置转型的基本规律及其发展趋势[J]. 教育研究，2011(4).

13. 马陆亭. 深圳大学城发展模式探讨[J]. 现代教育管理，2012(5).

14. 邓锁. 开放组织的权力与合法性——对资源依赖与新制度主义组织理论的比较[J]. 华中科技大学学报(社会科学版)，2004(4).

15. 张祥云，汤钱蓉. 深圳大学城："大家庭关系"隐喻的分析视角[J]. 高等教育研究，2011(1).

16. 房敏，傅树京. 新制度主义理论对学校组织发展的启示[J]. 教学与管理，2014(6).

17. 邓吉. 基于新制度组织理论的战略管理研究综述[J]. 学术论坛，2013(5).

18. 刘向兵，张琳. 大学文化与大学战略管理的关系研究[J]. 中国高教研究，2006(12).

19. 李延保. 从文化建设角度思考大学教育教学的改革[J]. 中国高等教育，2008(23).

20. 李延保. 大学文化与人才培养[J]. 学园，2008(2).

21. 陈小尘，胡弼成. 美国高等教育质量管理及其借鉴[J]. 高教探索，2010(1).

22. 钟秉林. 加强综合改革 平稳涉过教育改革"深水区"[J]. 教育研究，2013(7).

23. 钟秉林. 加强科学谋划 提高教育质量[J]. 中国高等教育，2016(1).

24. 李进才，张丽萍，范雄飞. 当前发展高等教育亟待解决的几个认识误区[J]. 高等教育研究，2004(2).

25. 刘利民. 工业设计产业协同创新模式研究[J]. 企业活力，2011(1).

26. 路甬祥. 对国家创新体系的再思考[J]. 求是，2002(20).

27. 熊励，等. 协同创新研究综述——基于实现途径视角. 科技管理研究[J]. 2011(14).

28. 程云喜. 企业共同愿景缺失动因的再思考——基于决策者与雇员的信用博弈视角[J]. 华东经济管理，2012(2).

29. 朱剑. 美国的五校联盟探析[J]. 现代教育科学，2006(2).

30. 季晶. 推进高校协同创新 提升科技服务能力[J]. 科教导报，2012(12).

31. 房敏，傅树京. 新制度主义理论对学校组织发展的启示[J]. 教学与管理，2014(6).

32. 刘勇兵，马培培. 新建地方综合性大学的战略规划研究[J]. 黑龙江高教研究，2008 (5).

33. 包水梅. 大学发展战略规划的逻辑研究[J]. 国家教育行政学院学报，2013 (2).

34. 李宝笃. 大学发展模式转变与“十二五”发展规划编制[J]. 青岛农业大学学报(社会科学版)，2010(3).

35. 林勇，陈德敏，肖俊夫. 新时期我国大学发展战略规划制定的认识与实践[J]. 国家教育行政学院学报，2011 (9).

36. 张艳敏，俞海侠. 高质量大学战略规划的主要特征探析[J]. 教育科学，2010 (4).

37. 赵文华. 我国高等学校发展战略规划的价值、挑战与策略[J]. 高等教育研究，2006(3).

38. 赵文华，周巧玲. 大学战略规划中使命与愿景的内涵与价值[J]. 教育发展研究，2006(13).

39. 胡保利，王硕旺. 乔治 · 凯勒的大学战略规划理论评介[J]. 河北师范大学学报(教育科学版)，2007(4).

40. 黄艳霞. 美国大学战略规划评估的路径选择[J]. 高等教育研究，2010 (7).

41. 毛晓翔，陈亚玲，韦志辉，等. 大学学科建设规划的SWOT 评价模型分析与战略选择[J]. 高教探索，2013 (6).

42. 蓝劲松，陶礼军. 论研究型大学战略规划的辩证法[J]. 清华大学教育研究，2001(4).

43. 刘勇兵，金玲. 关于高校战略规划文本的比较与分析——

以部分新建地方综合性大学为例[J]. 现代教育管理, 2009 (1).

44. 刘献君, 吴洪富. 人才培养模式改革的内涵、制约与出路[J]. 中国高等教育, 2009(12).

45. 马廷奇, 史加翠. 创新人才培养与大学人才培养模式改革[J]. 现代教育科学, 2011(5).

46. 胡同泽, 寸家菊. 大学生专业能力与职业需求差异调查[J]. 人才开发, 2008(2).

47. 陈志广. 财政自主与公共支出效率: 自地方政府实践维度观察[J]. 财政金融, 2012(1).

48. 邓万春. 内生或内源性发展理论[J]. 理论月刊, 2011(4).

49. 吴伟, 邹晓东, 陈汉聪. 德国创业型大学人才培养模式探析——以慕尼黑工业大学为例[J]. 高教探索, 2011(1).

50. 李世超. 大学变革的趋势——从研究型大学到创业型大学[J]. 科学学研究, 2006(4).

51. 陈亚玲. 高等教育国际化的内涵探析[J]. 内蒙古师范大学学报(教育科学版), 2007(1).

52. 任梦, 吴爽. 教学型高校战略规划制定中存在的问题及建议[J]. 内蒙古师范大学学报(教育科学版), 2011(1).

53. 储著斌. 城市大学科学发展的理论观照与实践探索——以全国十五所副省级城市综合大学为例[J]. 长春工业大学学报(高教研究版), 2012(3).

54. 储著斌. 城市大学科学发展区域环境浅析[J]. 黑龙江教育(高教研究与评估), 2012(5).

55. 方志梅, 赵伐, 李慧仙, 马敬峰. 把成才的选择权交给学生——宁波大学人才培养模式改革探索[J]. 高等工程教育研究, 2009(3).

56. 杜占元. 准确把握总体要求 精心做好“2011 计划”启动工作[J]. 中国高等教育, 2012(6).

57. 查强, [加]丹尼尔·兰. 大学之比较——兼析多伦多大学选择同型大学的案例[J]. 教育研究, 2004(3).

58. 路甬祥. 深入实施“创新 2020” 引领带动中国科技跨越发

展[J]. 中国科学院院刊，2011(3).

59. 赵应生，等. 转变教育发展方式：教育事业科学发展的必然选择[J]. 教育研究，2012(1).

60. 陈治亚. 行业特色型高校推进协同创新的思考[J]. 中国高等教育，2012(8).

61. 虞立琪. 人力资本投资与物质资本投资同等重要[J]. 商务周刊，2004(5).

62. 张其亮. 关于高等教育学费标准的实证研究[J]. 教育与现代化，2010(9).

63. 陆莹，叶青松. 地方高校经费收入来源的拓展策略研究[J]. 会计之友(中旬刊)，2010(10).

64. 张丽萍. 运用资本市场推动高等教育发展的思考[J]. 辽宁教育研究，2006(4).

65. 但锋. 公共财政视角下高等教育经费紧缺的成因解读及化解途径[J]. 陕西师范大学学报(哲学社会科学版)，2012(3).

66. 邓益纯. 略论美国大学本科教育收费制及发展趋势[J]. 湖南科技学院学报，2010(10).

67. 刘新民，王垒，张盈盈. 大学生高等教育成本分担责任研究[J]. 山东科技大学学报(社会科学版)，2011(1).

68. 连华，刘旭. 公共财政支出绩效评价的国际借鉴与启示[J]. 宏观经济管理，2012(4).

69. 茅于轼. 中国经济增长的潜力和障碍[J]. 开放导报，2002(12).

70. 卢品慕. 非义务教育成本与效益分析[J]. 陕西教育(理论版)，2006(Z2).

71. 张春梅，刘义兵. 英国“后大众化”高等教育的公平问题及其应对策略[J]. 高等教育研究，2013(1).

72. 赵立卫. 美国大学生资助的“资助包”制度 [J]. 比较教育研究，2005(2).

73. 曹夕多. 弗里德曼的教育券思想与浙江长兴的教育券实践[J]. 教育与经济，2004(3).

74. 王竹立. 我国教育信息化的战略思考和路径选择[J]. 现代远距离教育，2013(4).

75. 李健，张春梅，李海花. 智慧城市及其评价指标和评估方法研究[J]. 电信网技术，2012(1)

76. 丁志卿，吴彦艳. 高等教育信息化资源建设的对策探讨[J]. 对外经贸实务，2010(2).

77. 祝智庭，许哲，刘名卓. 数字化教育资源建设新动向与动力机制分析 [J]. 中国电化教育，2012(2).

78. 熊才平，何向阳，吴瑞华. 论信息技术对教育发展的革命性影响[J]. 教育研究，2012(2).

79. 吕艳，胡娟. 我国区域高等教育发展水平对区域创新的影响分析[J]. 中国高教研究，2010(10).

80. 胡鞍钢，鄢一龙，姜佳莹. "十三五"规划及2030年远景目标的前瞻性思考[J]. 行政管理改革，2015(2).

81. 钟秉林. 加强科学谋划 提高教育质量 [J]. 中国高等教育，2016(1).

82. 李立国，刘向兵. 比较优势、竞争优势与中国研究型大学跨越式发展研究[J]. 清华大学教育研究，2005(2).

83. 熊建辉编译. 2009年世界高等教育大会公报：高等教育与研究在促进社会变革和发展中的新动力[J]. 世界教育信息，2009(9).

84. 陈小尘，胡弼成. 美国高等教育质量管理及其借鉴[J]. 高教探索，2010(1).

学位论文

1. 程瑛. 社会转型期我国大学资源竞争研究[D]. 武汉：华中科技大学，2011.

2. 湛俊三. 地方高校战略联盟研究[D]. 武汉：武汉理工大学，2008.

3. 彭媛. 公共财政体制改革下的高等教育投入体制改革研

究[D]. 天津：天津财经大学，2009.

4. 刘君. 基于资源依赖理论的 PChome 分站联盟成因分析及发展策略[D]. 上海：上海交通大学，2008.

文件、公报、报告

1. 中国国民经济和社会发展第十三个五年规划纲要. 2016-3-17. http://www. china. com. cn/lianghui/news/2016-03/17/content _ 38053101.htm.2016-7-1.

2. 国家中长期教育改革和发展规划纲要(2010—2020 年). 北京：人民出版社，2010.

3.《中共中央 国务院关于分类推进事业单位改革的指导意见》(2011-3-23).

4. 教育部、财政部《关于实施高等学校创新能力提升计划的意见》(教技〔2012〕6 号)(2012-3-15).

5. 2009 年教育部教育事业发展统计公报.

6. 教育部. 教育信息化十年发展规划(2011—2020 年)[J]. 中国教育信息化：基础教育，2012(4).

7. 中共杭州市委 杭州市人民政府关于支持杭州师范大学建设一流综合性大学的若干意见(2008 年 5 月 28 日)[N]. 杭州政报，2008 (6).

8. 全国十五城市综合大学联席会议第一次会议纪要(2010-10-30).

9. 谭仁杰，赵兴，张丽萍，等. 促进在汉大学生创业的机制与对策研究报告——以江汉大学为例[R]. 2015.

10. 张晓玲，张丽萍，等. 促进科技成果在汉优先转化对策研究报告[R]. 2015.

报刊

1. 张力. 协同创新 意义深远[N]. 光明日报，2011-5-6.

2. 焦新. 积极推动协同创新 提高高教质量——教育部有关负责人就“高等学校创新能力提升计划”答记者问[N]. 中国教育报，

2012-04-23.

3. 姜乃强. 11 所特色高校组建联盟 强强联合迎跨越式发展[N]. 中国教育报，2011-10-20.

4. 梁国瑞. 江浙沪三省共享高校资源 互认学生学分[N]. 广州日报，2012-02-24.

后　记

本书为本人在长期从事城市综合大学发展规划编制实践过程中形成的研究成果。本书中有部分成果是本人与领导、专家和同事合作完成的，在全书各篇章中作了说明，没有署名的，均为本人独著。附录部分收录了与城市综合大学发展规划编制相关的城市综合大学合作交流平台建设相关制度、会议纪要等文献，是希望读者通过此对城市综合大学合作交流平台建设过程有一个全面清晰的了解，对探究综合大学发展规划的实践起到一定借鉴作用。

课题完成和本专著的出版得力于有关领导专家、博士团队的指导支持和智力贡献。有关篇章的执笔如下：第一章，张丽萍；第二章，张丽萍、贠翔悦；第三章，俞俏燕；第四章，许磊；第五章，张丽萍；第六章，代飚、贠翔悦；第七章，张丽萍、贠翔悦；第九章，张晓玲、张丽萍；第十章，张丽萍等，依据上述各章研究成果和江汉大学高等教育研究所副所长、副研究员刘义博士，江汉大学高等教育研究所副研究员、华中科技大学博士生丁亚金的与本课题相关论文梳理、提炼而成。本书撰写过程中得到校内外领导、专家、同事的指导帮助，引用了城市综合大学诸多文献资料，包括有关文件、年鉴、领导讲话等，尚有可能未列全。在此向 15 所副省级城市综合大学所有参与研究和指导帮助过本人的领导、专家、同事和原作者表示衷心的感谢。本书获教育部人文社会科学研究规划基金项目资助，谨表谢忱。

由于时间仓促，加之水平有限，书中尚有挂一漏万，在理论体系构建和实践研究方面错误与不足之处在所难免，恳请同行专家和广大读者批评指正。最后感谢武汉大学出版社及编辑老师给予本书出版的支持和所付出的努力。

张丽萍

2016年9月13日